Theologische Studien

Neue Folge

T V Z

Theologische Studien

Neue Folge

herausgegeben von
Thomas Schlag, Reiner Anselm,
Jörg Frey, Philipp Stoellger

Die Theologischen Studien, Neue Folge, stellen aktuelle öffentlichkeits- und gesellschaftsrelevante Themen auf dem Stand der gegenwärtigen theologischen Fachdebatte profiliert dar. Dazu nehmen führende Vertreterinnen und Vertreter der unterschiedlichen Disziplinen – von der Exegese über die Kirchengeschichte bis hin zu Systematischer und Praktischer Theologie – die Erkenntnisse ihrer Disziplin auf und beziehen sie auf eine spezifische, gegenwartsbezogene Fragestellung. Ziel ist es, einer theologisch interessierten Leserschaft auf anspruchsvollem und zugleich verständlichem Niveau den Beitrag aktueller Fachwissenschaft zur theologischen Gegenwartsdeutung vor Augen zu führen.

Theologische Studien

NF 7 – 2013

Konrad Schmid

———

Gibt es Theologie im Alten Testament?

Zum Theologiebegriff in der
alttestamentlichen Wissenschaft

T V Z
Theologischer Verlag Zürich

Gedruckt mit freundlicher Unterstützung der Ulrich Neuenschwander-Stiftung

Bibliografische Informationen der Deutschen Nationalbibliothek

Die Deutsche Nationalbibliothek verzeichnet diese Publikation in der Deutschen Nationalbibliografie; detaillierte bibliografische Daten sind im Internet über http://dnb.d-nb.de abrufbar.

Umschlaggestaltung: Simone Ackermann, Zürich

Druck: ROSCH-BUCH GmbH, Scheßlitz

ISBN 978-3-290-17806-2

© 2013 Theologischer Verlag Zürich

www.tvz-verlag.ch

Mein Dank gilt den Herausgebern für die Anregung zu dieser Studie und für die Aufnahme in die Reihe, besonders Prof. Dr. Jörg Frey (Zürich) für seine aufmerksame Lektüre und seine inhaltlichen Hinweise, Prof. Dr. Manfred Oeming (Heidelberg) und Prof. Dr. Friedhelm Hartenstein (München) für klärende Gespräche, dem Theologischen Verlag Zürich, besonders Marianne Stauffacher und Samuel Arnet, für die verlegerische Betreuung und Lida Panov für die Mitarbeit beim Korrekturlesen. Die Darstellung in Teil C «Die Entstehung von Theologie in der alttestamentlichen und frühjüdischen Überlieferung als religionsgeschichtliche Fragestellung» folgt in manchen Abschnitten meinen Überlegungen in Konrad Schmid, Literaturgeschichte des Alten Testaments. Eine Einführung, Darmstadt 2008.

Konrad Schmid

Inhaltsverzeichnis

A Fragestellung und Vorgehen

Bei der Aufteilung der alttestamentlichen Wissenschaft in Subdisziplinen werden gewöhnlich die Geschichte Israels, die Einleitung in das Alte Testament und – traditionell als Krondisziplin verstanden – die Theologie des Alten Testaments unterschieden. Während für die Behandlung der Geschichte Israels und die Einleitungswissenschaft die Aufgabenstellung unstrittig ist – was man von ihren Resultaten allerdings nicht behaupten kann –, so gilt dies für die Theologie des Alten Testaments nicht. Was eine Theologie des Alten Testaments zu leisten hat, ist – im Gegenteil – gänzlich und eigentlich seit jeher[1] unklar. Ist sie historisch oder kanonisch zu gliedern? Hat sie die Religionsgeschichte des antiken Israel zu berücksichtigen und in ihre Darstellung miteinzubinden? Kommt ihre eine deskriptive oder eine normative Aufgabe zu?[2] Ist sie konfessionell gebunden zu entwickeln?[3] Darf es sie überhaupt geben – ist sie als wissenschaftliche Disziplin überhaupt möglich?[4] Ist sie nicht gerade auch aus theologischer Sicht sogar abzulehnen?[5]

Es wäre übertrieben zu sagen, dass sich diese Unklarheiten in der alttestamentlichen Wissenschaft fruchtbar ausgewirkt hätten. Weder sind überzeugende Alternativen zum Projekt einer Theologie des Alten Testaments vorgestellt worden, noch hat sich die Subdisziplin selber gewinnbringend weiterentwickelt. Dass man auf sie gänzlich verzichten könnte, ist zwar de facto bereits vielerorts der Fall, doch es wäre ein Armutszeugnis für die alttestamentliche Wissenschaft – wohlgemerkt nicht nur in ihrer Eigenart als Teildisziplin der Theologie, sondern auch als selbständiger Wissenschaft –, wenn sie nur noch Fragen der Textgenese, nicht mehr aber der inhaltlichen Rekonstruktion und Evaluation behandeln würde – wie sich in ganz vorläufiger Weise die theologische Fragestellung umreissen lässt. Da der Inhalt des Alten Testaments auf weite Strecken hin auf die Frage des Gottesverhältnisses von Israel und Juda oder des Einzelnen hin bezogen ist, lässt er sich – je

---

1 Vgl. die Bemerkungen bei von Rad, Fragen, S. 289: «Man kann nicht sagen, daß sich die alttestamentliche Theologie seit ihrer Existenz jemals zu einer Form herausgestaltet hat, von der für längere Zeit eine prägende Kraft ausgegangen wäre dergestalt, daß Generationen an ihr weitergearbeitet und sie verbessert haben. Dem rückschauenden Beobachter fällt vielmehr ein Mangel an Kontinuität auf, der sich ihm in der immerhin kurzen Dauer von etwa 150 Jahren (von Vatke ab gerechnet) aufdrängt.»
2 Vgl. de Pury/Knauf, Théologie.
3 Vgl. dazu Oeming, Ermitteln.
4 Vgl. Lemche, Theologie.
5 Vgl. Brunner, Offenbarung, S. 287, und Gyllenberg, Unmöglichkeit.

nach Verständnis des Begriffs – zumindest auf seine «Theologie» hin befragen.[6] Ob über ein solches deskriptives Verständnis von «Theologie» noch weiter hinauszugehen sei, ist kontrovers und muss hier nicht entschieden werden. Es ist jedoch anzumerken, dass deskriptive Herangehensweisen an theologische Fragen der Bibel keineswegs von vornherein niederrangig oder vorsichtiger sein müssen als normative – sie haben ihre eigene Bedeutung.[7]

Die Fragen nach Textgenese und nach theologischem Inhalt lassen sich natürlich nicht ganz trennen, denn gerade die genetische Fragestellung ist auf die substanzielle Einbindung inhaltlicher Fragen angewiesen, wenn sie in angemessener Weise verfolgt wird.[8]

Der vorliegende Essay stellt sich nicht die Frage, wie eine Theologie des Alten Testaments anzugehen oder gar zu entwerfen sei.[9] Das ist gegenwärtig deshalb besonders umstritten, da unter «Theologie» nicht nur in der alttestamentlichen Wissenschaft, sondern auch über sie hinaus sehr Unterschiedliches verstanden wird und diese Differenzen mit unterschiedlichen theologiegeschichtlichen Prägungen zusammenhängen, die sich nicht in dezisionistischer oder zeitloser Weise überholen lassen.

Im Folgenden soll anhand der bescheideneren Fragestellung nach dem möglichen Vorhandensein von Theologie *im* Alten Testament[10] geklärt werden, wie sich ausgehend von der Bibelwissenschaft und den Befunden in der Bibel ein für die alttestamentliche Wissenschaft verwendbarer Theologiebegriff entwickeln lässt. Die vom nachmaligen Bibelkanon her bedingte, vorrangig auf das «Alte Testament» beschränkte Perspektive ist dabei nicht prinzipieller Natur, sondern arbeitstechnisch und wissenschaftsorganisatorisch bedingt. Die nachfolgenden Überlegungen sind grundsätzlich auch auf Theologisierungsprozesse in der postbiblischen Literatur anwendbar, was im Rahmen dieser Studie allerdings nur ansatzweise geleistet werden kann.

---

6 Im englischsprachigen Bereich wird bisweilen der Ideologiebegriff verwendet (vgl. etwa Japhet, Ideology), doch ist dieser mit anderen Konnotationen belastet. Bei Japhet dient er der Wiedergabe *von* ʾemunot we-deʿot (in Anspielung an Saadja Gaon) im hebräischen Original ihres Werks.

7 Vgl. de Pury/Knauf, Théologie; vgl. u. S. 120–123.

8 Vgl. ausführlich zum Verhältnis zwischen historischer und theologischer Exegese Schmid, Historisch-Kritischen.

9 Eine hilfreiche Darstellung und Diskussion verschiedener Optionen dabei findet sich bei Oeming, Theologie.

10 Die Fragestellung hat in den letzten drei Jahrzehnten eine vergleichsweise hohe Konjunktur erfahren: vgl. in Auswahl Smend, Theologie; Gerstenberger, Theologien; Kratz, Theologie; Fischer, Theologien.

10

Die Titelfrage «Gibt es Theologie im Alten Testament?» wird – das kann vorweggenommen werden – nicht einfach mit ja oder nein zu beantworten sein, sondern eine Antwort hängt davon ab, wie man die Kategorie «Theologie» im Blick auf alttestamentliche Texte bestimmt.[11] Eine solche Klärung hat vor allem zwei Problemfelder zu berücksichtigen: Zum einen ist nach der Entwicklung des Theologiebegriffs im Rahmen der Geschichte der Bibelauslegung und -wissenschaft zu fragen. Dies wird nicht möglich sein, ohne – jedenfalls für den Bereich der letzten 200 Jahre – gleichzeitig auch den Religionsbegriff zu thematisieren, da beide Termini in der Forschungsgeschichte jeweils in Korrelation und Abgrenzung zueinander bestimmt worden sind.[12] Zum anderen ist aber auch diejenige Beschaffenheit der biblischen (und postbiblischen) Texte selbst zu rekonstruieren, aufgrund derer sie möglicherweise als «theologisch» zu klassifizieren sind, bzw. von manchen Forscherinnen und Forschern so eingeordnet worden sind.

Der erste Hauptteil (B.) ist entsprechend zunächst forschungsgeschichtlich ausgerichtet und behandelt die Geschichte der Theologiebegrifflichkeit und ihre Verwendung im Rahmen der alttestamentlichen Wissenschaft, mit gelegentlichen Seitenblicken auf den gesamten Zusammenhang der Theologie und der Geisteswissenschaften. Er zeichnet den Weg des Begriffs von den antiken Anfängen über die massgeblichen scholastischen und reformatorischen Prägungen bis hin zu den neuzeitlichen Entwicklungen nach. Dieser Weg ist zwar schon oft und ausführlicher dargestellt worden, als dies hier geschehen kann,[13] doch er soll hier in einer bestimmten sachlichen Perspektivierung zusammengefasst werden, die das Entstehen der gegenwärtigen Problemlage im Blick auf die Titelfrage dieser Studie verständlich zu machen vermag. Als von besonderer Bedeutung wird sich dabei erweisen, dass der Theologiebegriff in der alttestamentlichen Wissenschaft nicht ohne Berücksichtigung des Religionsbegriffs thematisiert werden kann – zumal im Blick auf ein forschungsgeschichtlich aufgeklärtes Verständnis der Zuordnung einer Religionsgeschichte Israels zu einer Theologie des Alten Testaments.

---

11 Den vielzitierten Eingangssätzen von R. Rendtorffs Theologie des Alten Testaments: «Das Alte Testament ist ein theologisches Buch. Darum bedarf eine Darstellung der ‹Theologie des Alten Testaments› keiner besonderen Rechtfertigung» (S. 1), kann in dieser Form nicht zugestimmt werden. Ganz unklar bleibt dabei, inwiefern das Alte Testament «theologisch» ist. Entsprechend bedarf die Darstellung einer «Theologie des Alten Testaments» nicht nur der Rechtfertigung, sondern vor allem der Erläuterung.

12 S. u. B. IV–VII.

13 Vgl. z. B. Kraus, Theologie; Hayes/Prussner, Theology; Reventlow, Hauptprobleme der alttestamentlichen Theologie; ders., Hauptprobleme der biblischen Theologie und vor allem, zwar knapp, aber umso prägnanter Schmidt, Theologie.

Der zweite Hauptteil (C.) wendet sich den biblischen Texten zu und versucht, anhand der neueren einleitungswissenschaftlichen Erkenntnisse darzulegen, inwiefern diese – so wird der Vorschlag dieses Essays lauten: zumindest in *impliziter* Weise – als «theologisch» qualifiziert werden können. Es wird dabei gattungsmässig differenziert und zunächst die prophetische Literatur besprochen, die im Blick auf unsere Fragestellung von besonderer Bedeutung ist, danach werden vergleichbare Phänomene im Pentateuch und im Psalter zur Sprache kommen. Mit einem Ausdruck von Christoph Levin könnte man diesen Abschnitt auch als das Nachzeichnen des Wegs des Alten Testaments zu seiner Theologie beschreiben.[14] Dieser Weg ist allerdings im Alten Testament nicht zum Abschluss gekommen, sondern er hat eine Bewegung fortwährender Auslegungen und Explikationen in Gang gesetzt, die entsprechend dem zeitgebundenen Charakter theologischer Denkbemühungen auch in Zukunft nicht abbrechen werden.

Ein dritter Teil (D.) schliesslich versucht, im Lichte der nachfolgenden Überlegungen Konturen einer differenzierten Antwort auf die Titelfrage zu umreissen.

---

14 Levin, Weg. Eine besondere Rolle spielt bei Levin dabei «jener religionsgeschichtliche Umbruch, der das nachexilische Judentum vom vorexilischen Israel und Juda unterscheidet, aber nicht trennt. Diesen Umbruch, nämlich die Entstehung des Judentums, zu verstehen, ist die wichtigste Aufgabe der alttestamentlichen Wissenschaft. Durch ihn kam das Alte Testament zu sich selbst.» (S. 131) In der Folge fällt der Begriff «Theologie» dann auch das erste Mal S. 141: «Eine andere Theologie entwickelte sich unter den Judäern, die es nach den Eroberungen durch die Babylonier in die Fremde verschlagen hatte. Dort ist wahrscheinlich die älteste Grundlage des Pentateuchs entstanden: jene Quelle, die von der Exegese ‹Jahwist› genannt wird». Zur Frage der Vollständigkeit der Ausbildung von Theologie S. 145: «Der Weg zur Theologie kommt innerhalb der Grenzen des Alten Testaments nicht an sein Ziel. Das Alte Testament vermochte kein einheitliches theologisches System zu entwickeln.»

B Aufkommen und Geschichte der Theologiebegrifflichkeit im Blick auf die Bibel

Das Nachzeichnen der Geschichte des Theologiebegriffs in den letzten zweitausend Jahren wird aufgrund der spezifischen Beleglage einen Schwerpunkt im Bereich der christlichen Wirkungsgeschichte der Bibel haben. Ein kurzer Abschnitt wird die v. a. im 19. Jh. aufkommende Verwendung des Begriffs im Judentum erläutern (s. u. V).

I Der vorneuzeitliche Theologiebegriff: Von der Mythologie zum systematischen Lehrgebäude

1. «Theologie» bei Plato, Aristoteles, Josephus und Philo

Der Begriff Theologie stammt – was zwar historisch gesehen ein Zufall, sachlich aber doch bezeichnend ist – aus der Philosophie. Er findet sich zuerst bei Plato in der Bedeutung von «Göttersage» bzw. «Mythos» (Platon, Staat 379A). Das Nomen θεολογία bezeichnet bei Plato die kritisch zu beurteilenden Mythen, deren Verwendung in der Erziehung nur selektiv zu erfolgen hat.[1] Bei Aristoteles (Metaphysik, 1026a, 18f.; 1064b, 1–3) kann θεολογία zwar neben Mathematik und Physik als eine der drei «theoretischen Philosophien» genannt werden, bezeichnet aber auch bei ihm im Wesentlichen die Mythologie.

θεολογία findet sich auch bei Josephus und Philo.[2] Josephus (*Contra Apionem* 1,225) verwendet den Ausdruck «unsere Theologie» für die jüdische Religion, und Philo (*Vita Mosis* 2,115) bezeichnet entsprechend Mose als «Theologen». Doch impliziert diese Terminologie keine reflektierende oder synthetisierende Herangehensweise an Religion, vielmehr ist «Theologie» nahezu ein Wechselbegriff für Religion. Die sachliche Nähe zu den Verwendungsweisen in der griechischen Philosophie ist mit Händen zu greifen.

---

[1] Vgl. Ebeling, Art. Theologie, S. 754. Vgl. zu Plato und Aristoteles auch Kattenbusch, Theologie, S. 162–168.

[2] Josephus, *Contra Apionem* 1,78; 1,225; 1,237; Josephus, *Bellum* 2,158; Philo, *De opificio mundi* 12; vgl. zum Begriff *theólogos*: Philo, *Vita Mosis* 2,115; *De praemiis* 53; *Quaestiones in Genesin* 2,59; 3,21. Vgl. auch Josephus, Apionem, S. 260 mit Anm. 51; Siegert, Theologie, bes. S. 22–24. Ich danke René Bloch (Bern) und Hindy Najman (Yale) für diese Auskünfte.

2. Bibel und alte Kirche

Weder das griechische Alte Testament noch das Neue Testament verwenden θεολογία. Obwohl auch bei Paulus[3] und Johannes[4] der Begriff fehlt, so haben sich ihre übergreifenden, gedanklichen Anstrengungen, die zunächst in Briefform und in narrativer Gestalt auftreten, in der Sache als von erheblicher Bedeutung für die nachmalige Wirkungsgeschichte des Theologiebegriffs herausgestellt: Bemerkenswert ist in diesem Zusammenhang, dass der Evangelist Johannes seit Origenes als «der Theologe» bezeichnet werden kann – ein Beiname, der ihm im Bereich der orthodoxen Kirche bis heute geblieben ist.[5]

Gleichwohl hat der Theologiebegriff in den ersten Jahrhunderten der christlichen Kirchen noch keine zentrale Bedeutung erlangt.[6] Vor allem in der Folgezeit, von der Spätantike bis in das Hochmittelalter, hat er dann aber eine erstaunliche Karriere absolviert.[7] Von besonderer Bedeutung war bei diesem Prozess die Übernahme des philosophischen Gottesbegriffs im 2. Jh. n. Chr. in die christliche Lehre.[8] In programmatischer Abgrenzung gegen die tradi-

---

3 Vgl. Vollenweider, Paulus, Sp. 1042–1044. Siehe auch Klumbies, Freiheit.
4 Vgl. Frey, Entstehung; Frey, Theologie.
5 Gerhard Ebeling ging in seinem begriffsgeschichtlich ausgerichteten RGG-Artikel zu «Theologie» so weit zu sagen: «Dasjenige Phänomen, das in methodologisch durchreflektierter Gestalt in der Hochscholastik die Bezeichnung ‹Th.› annahm, aber bei prinzipieller Gleichartigkeit auch in anderer Gestalt ebenso benannt werden kann, begegnet *allein im Christentum*» (Theologie, S. 759, Hervorhebung im Original). Die RGG[4] steht ebenfalls noch – obwohl nicht programmatisch – in dieser Tradition. Ein Artikel etwa zu Theologie des Alten Testaments findet sich nicht (vgl. dafür Janowski/Welker, Theologie). Für «Theologie, islamische» wird auf den Art. Islam: II. Lehre, 3. Islamische Theologie verwiesen (Rudolph, Theologie), der allerdings die Probleme der Anwendung des Theologiebegriffs auf den Islam nicht eigens thematisiert. Zur Abgrenzung von Philosophie und Theologie im Islam vgl. Rudolph, Philosophie, S. 21–23. Der von Ebeling vorausgesetzte Sprachgebrauch hat sich allerdings in den vergangenen Jahrzehnten verändert und erweitert. «Theologie» kann auch in anderen Religionen oder Kulturkreisen ausserhalb des Christentums gefunden werden (vgl. z. B. von Stietencron, Theologen; Assmann, Ägypten; Berlejung, Theologie.). Bei einer solch weiteren Bestimmung des Begriffs fallen natürlich auch die Urteile über das erste Auftreten von Theologie – ohne dass der Begriff dabei verwendet würde – anders aus.
6 Vgl. Wallmann, Theologiebegriff, S. 11: «[D]ie abendländische Kirche bis zum Mittelalter [kennt] das Wort Theologie überwiegend nur in der engen Bedeutung von Gotteslehre und Gottespreis», mit Verweis auf Kattenbusch, Entstehung.
7 Vgl. im Überblick Bayer/Peters, Theologie; Ebeling, Theologie. Hayes/Prussner, Theology, verzichten in ihrer Darstellung der Geschichte der «Theologie des Alten Testaments» auf eine begriffsgeschichtliche Klärung.
8 Vgl. Balz, Theologie, S. 268; Hall, Theologie, s. dazu Pannenberg, Aufnahme, s. auch Markschies, Hellenisierung.

tionellen paganen Verwendungsweisen des Theologiebegriffs hielt etwa Eusebius von Cäsarea fest, dass nicht die Götter der Mythen und Kulte das Thema der Theologie seien, sondern der alleinige Schöpfergott, wie ihn die Kirche verkündigt.[9] Deshalb sind nicht die Mythendichter oder Mystagogen «Theologen», sondern vielmehr die Propheten, Paulus oder Johannes.[10]

3. Die Scholastik und die Entstehung universitärer «Theologie»

In wirkungsgeschichtlicher Hinsicht waren es nicht so sehr die antiken und spätantiken Stufen der Begriffsgeschichte, sondern die mittelalterlichen Entwicklungen, die sich als von formativer Bedeutung dafür erwiesen haben, was unter «Theologie» zu verstehen sei: Erst im Hochmittelalter[11] lässt sich das Aufkommen der Konturen der späteren neuzeitlichen Begriffsdimensionen beobachten. Sie betreffen vor allem die Ausweitung des Theologiebegriffs von der Gotteslehre zum gesamten Lehrgebäude des Christentums.[12]

Sie hängt zu wesentlichen Teilen mit der damals zeitgenössischen Aristoteles-Rezeption zusammen, mit Hilfe derer die christliche Lehre erstmals systematisch reflektiert und als wissenschaftliche Aufgabe betrieben wurde.[13] Besonders augenfällig ist in diesem Zusammenhang die Bezeichnung der mit der christlichen Lehre befassten Fakultät innerhalb der vom 11. und 12. Jh. an entstehenden Universitäten, die den Namen *facultas theologica* erhielt.[14] Damit war der Grundstein für den weiteren Erfolg des Theologiebegriffs in der Geschichte des Christentums gegeben. Vor allem aber erhielt der Begriff so seine akademische Konnotation, die ihn in der Folgezeit nicht mehr verlassen hat. Theologie ist ein Vorgang, der den Gebrauch von Vernunft und systematisierender Reflexion involviert, seit der Neuzeit auch das methodische Prinzip der Kritik und des Zweifels – sie betrifft eine Metaebene der gelebten Religion.

Die durch Scholastik und die frühe Universität bewerkstelligte Prägung des Theologiebegriffs stellt die Grundlage der weiteren Begriffsgeschichte dar. Namentlich im englischsprachigen Bereich sind die scholastischen Kon-

---

9 Vgl. z. B. Historia ecclesiastica II 1,1.
10 Vgl. Schwöbel, Theologie, S. 257f.
11 Vgl. aber den Hinweis auf Augustin bei Bayer/Peters, Theologie, S. 1083.
12 Vgl. Wallmann, Theologiebegriff, S. 12: «Die Ausweitung des Begriffssinnes von Theologie über den Rahmen der Gotteslehre hinaus auf das Ganze der christlichen Lehrwissenschaft ist eine Tat der mittelalterlichen Scholastik.»
13 Vgl. Ebeling, Art. Theologie, Sp. 758.
14 Geyer, Facultas. Vgl. auch zur Frühgeschichte der Theologischen Fakultäten an den europäischen Universitäten Asztalos, Fakultät.

notationen von «Theologie» bis in die Neuzeit hinein massgeblich geblieben: Theologie beruht im Wesentlichen auf Intellektualisierung und Systematisierung. Gerade deshalb ist «Theologie» als Fragestellung in den Bibelwissenschaften bisweilen aus unterschiedlichen Perspektiven und Motivationen auch vehement abgelehnt worden: Theologie werde der Vielfalt des Glaubenszeugnisses nicht gerecht, führe zu ungerechtfertigten Verkürzungen und sei historischem Nachfragen nicht angemessen.[15] Es ist jedoch entscheidend zu sehen, dass dieses Verständnis von Theologie nur eines – nämlich ein vor allem scholastisch geprägtes – unter mehreren möglichen ist, wie aus dem nachfolgenden Abschnitt sogleich deutlich werden wird, und dass solche Pauschalkritiken entsprechend zu relativieren sind.

II Die reformatorische Neuprägung des Theologiebegriffs

1. Die existenzielle Reinterpretation des Theologiebegriffs in der Reformation

Die Bewegung der Reformation hatte ihre Wurzeln im akademischen Kontext, nur schon deshalb war ihr die Theologiebegrifflichkeit von Anfang an keineswegs fremd. Doch die Reformation führte eine wirkungsmächtige Modifikation des Theologiebegriffs ein, ohne die die Debatten um seine gegenwärtigen Verwendungsmöglichkeiten nicht zu verstehen sind, indem sie «Theologie» nun nicht mehr als Lehre von Gott, sondern vom Glauben her bestimmte:

> «Luther weicht [...] in der Bestimmung des Gegenstandes der Theologie entscheidend von der durch Thomas bestimmten scholastischen Tradition ab. Nicht Gott ist der Gegenstand der Theologie, sondern die in Gottes Wort offenbar werdende Beziehung Gottes zum Menschen.»[16]

Entsprechend bezeichnete Luther die Theologie als eine *scientia practica*, und nicht *speculativa* (WATR 1, 72, 16, Nr. 153).[17] Es bleibt insofern bemerkenswert, dass Luther – trotz seiner Ablehnung der aristotelisch geprägten Scholastik – am Theologiebegriff grundsätzlich, ja entschieden festgehalten

---

15 Vgl. z.B. Levenson, Theologie; Lemche Theologie.
16 Wallmann, Theologiebegriff, S.18. Vgl. Martin Luther, WA 40,2; 328,17: «theologiae proprium subiectum est homo peccati reus ac perditus, et Deus iustificans ac salvator hominis peccatoris.» Vgl. auch WA TR 172, 16, Nr. 153: «vera theologia est practica [...] speculativa igitur theologia, die gehort in die hell zum Teuffel.» (Schwöbel, Theologie, Sp.262).
17 Vgl. Ebeling, Art. Theologie, Sp.764.

hat. Letztlich wurzelt die spätere Unschärfe in der Unterscheidung von Theologie und Religion in dieser Entscheidung Luthers, in der ihm die protestantische Theologie nahezu ausnahmslos gefolgt ist. Wenn Theologie es nicht mehr mit der spekulativen Lehre von Gott, sondern im Wesentlichen mit dem Glauben, also der Gottes*beziehung* in ihren praktischen und existenziellen Dimensionen, zu tun hat, was nach Luther freilich keinen Gegensatz darstellt («Gott und Glaube gehören zuhauf» [*BSELK* 560, 21f.]), dann ist die spätere Ansprechbarkeit dessen, womit sie sich beschäftigt, *auch* über die Religionsbegrifflichkeit, nachgerade vorgespurt. Die Verwechselbarkeit von Theologie und Religion reicht geistesgeschichtlich in die Reformationszeit zurück, die diese Schwierigkeit selbst allerdings noch nicht hatte.

Die reformatorische Neudefinition von Theologie hat eine ihrer Ursachen in einer neuen Wahrnehmung der Bibel, die einer neuen Lektüre als Zeugnis von Glaubenserfahrungen zugeführt wurde. Es oblag nicht mehr der Bibel, die bereits gesetzte Richtigkeit der Dogmatik nur mehr zu illustrieren, sondern umgekehrt hatte die Dogmatik sich an der Bibel messen zu lassen – nicht zuletzt im Blick darauf, wie die christliche Lehre insgesamt zu verstehen ist. Insofern lässt sich die Reformation nicht zuletzt als erwachsen aus dem Umgang mit der Differenz zwischen Bibel und Dogmatik deuten. Die Kluft zwischen kirchlicher Praxis und Theologie und dem eigenen Schriftverständnis der Reformatoren führte zu einer Reformbewegung, deren Ziel darin bestand, Bibel und Kirche wieder zusammenzuführen – im Sinne einer biblischen Reorientierung der Kirche. Würde Luther an einer modernen theologischen Fakultät lehren, wäre er wahrscheinlich – von seinem Arbeits- und Publikationsprofil her – am ehesten der alttestamentlichen Wissenschaft zuzuweisen.[18] Allerdings stellte der historische, aber auch sachliche Abstand der Bibel zu Luthers eigener Zeit kaum ein Problemfeld dar, das damals bereits grundsätzlicher Reflexion zugeführt worden wäre. Auch wenn die Schriften der Reformatoren immer wieder eine Spannung zwischen biblischer Überlieferung und Dogmatik erkennen lassen, so wurde sie nicht als konstitutiv für die Theologie angesehen.[19] Das Ideal bestand darin, die Theologie wieder an die biblische Lehre zurückzubinden, und die Zweifel waren damals gering, dass das nicht gelingen könnte. Das Bewusstsein grundsätzlicher historischer Differenzen zwischen der biblischen und der eigenen Zeit war nicht so ausgeprägt, so dass man die biblischen Autoren durchaus zu sich selber sprechen lassen konnte.

---

18 So die Charakterisierung von Bornkamm, Luther, S. 1.
19 Ebeling, Evangelienauslegung; Bornkamm, Luther; Merk, Theologie, S. 8–13; Rothen, Klarheit.

2. «Theologie» in der altprotestantischen Orthodoxie

Die altprotestantische Orthodoxie des späten 16. und des 17. Jh. kehrte eher wieder zu systematisierenden Formen des Verständnisses von Theologie zurück, wie man sie aus der vorreformatorischen Zeit kannte. Melanchthon verwendete den Begriff «Theologie» nur zurückhaltend und sprach lieber von *doctrina christiana*, doch bei Bartholomäus Keckermann kehrte er im Sinne der Bezeichnung des christlichen Lehrgefüges zurück. Er führte die Theologie neben anderen Wissenschaften in seiner von Jacopo Zabarella inspirierten Wissenschaftslehre *Systema SS. Theologiae* (Hannover 1610) auf, und hinter Johann Gerhards Bezeichnung seiner *Loci theologici* (9. Bde., Jena 1610–1622) steht deren Verständnis als einer wissenschaftlich umfassenden Darstellung der christlichen Lehre als Theologie.[20]

Entsprechend ist in der altprotestantischen Orthodoxie zunächst die weitere Annäherung von Bibel und dogmatischer Lehrbildung massgeblich geworden. Die Schrift wurde eklektisch dazu herangezogen, Belegstellen für die dogmatische Theoriebildung zu liefern. Besonders bedeutsam war die Identifizierung sogenannter *dicta probantia*, die der biblischen Untermauerung der Glaubenslehre dienten. Das bestbekannte Werk dieser Art war das *Collegium biblicum in quo dicta scripturae Veteris et Novi testamenti iuxta seriem locorum communium theologicorum disposita dilucide explicantur* (Strassburg 1671, [2]1676, [3]1689) von Sebastian Schmidt[21], das alt- und neutestamentliche Belegstellen der theologischen *loci* separat auflistete, allerdings damit keine explizite Wertung verband.[22] Bibel und Theologie verhielten sich zueinander wie implizite Grundlage und systematische Explikation. Diese Verhältnisbestimmung der altprotestantischen Orthodoxie brach aber alsbald auf – in unmittelbarer Folge des Aufkommens erster Ansätze einer historischen Bibelkritik.

---

20 Vgl. Wallmann, Theologiebegriff, S. 23; Steiger, Gerhard.
21 Vgl. Baier, Analysis. Vgl. dazu Hayes/Prussner, Theology, S. 5–8. Das Werk wird beschlossen durch zwei Indizes, die die besprochenen Stellen einerseits in biblischer (S. 425–427) und andererseits in dogmatischer Ordnung (S. 428–434) zusammenfassen.
22 Vgl. dazu Reventlow, Theology, S. 484.

III **Von der Biblischen Theologie zur Theologie des Alten Testaments**

1. Die Frage nach einer Biblischen Theologie im Gefolge der Emanzipation der Exegese von der Dogmatik

Mit den ersten Schritten zu einer historisch-kritischen Betrachtung der Bibel im 17. Jh.[23] wurde alsbald klar, dass die reformatorische Dogmatik nicht einfach bibelgemäss in dem Sinn ist, dass sie davon ausging, die Bibel habe bereits so wie die Reformatoren gedacht. Vielmehr zeigte sich, dass die Schrift mehr, weniger oder auch anderes sagt als die Dogmatik. Die Konsequenz war unausweichlich: Die vorneuzeitliche, auch noch reformatorische Einheit von Schrift und Lehrgebäude, von Exegese und Dogmatik lockerte sich auf. Die zunächst in den Blick gefasste Lösung war die des Einbringens eines – in sich weiter differenzierbaren – Zwischenelements, das zwischen Bibel und Dogmatik zu vermitteln hatte.

Es bildete sich die Biblische Theologie als selbständige theologische Frage-stellung heraus, die neben die Dogmatik trat. Es ist bemerkenswert und wir-kungsgeschichtlich bedeutsam, dass diese Disziplin mit dem Wortbestandteil «Theologie» ausgestattet worden ist. Theologie wird hier als eine intellek-tuelle, aber unabgeschlossene Anstrengung verstanden, die zwischen beste-henden, festen Grössen in rationaler und systematisierender Weise zu vermit-teln hat.

Man nennt als idealtypisches Datum dieses Vorgangs gerne die Altdorfer Antrittsrede Johann Philipp Gablers *Oratio de justo discrimine theologiae biblicae et dogmaticae regundisque recte utriusque finibus* von 1787.[24] Aller-dings war Gablers Rede mehr eine Bündelung vorangehender Bemühungen als ein gänzlich neuer Ansatzpunkt: Der Schritt zu einer von der Dogmatik unterschiedenen «Biblischen Theologie» kündigte sich bereits an in Johann Georg Hofmanns *Oratio de Theologiae biblicae praestantia* (Altdorf 1770),[25] bei Jean Alphonse Turretini *De Sacrae Scripturae interpretatione tractatus bipartitus* (Frankfurt a. d. O. 1776) bei Anton Friedrich Büsching[26] in seiner *Dissertatio theologica inauguralis exhibens epitomen theologiae e solis sacris litteris concinnatae et ab omnibus rebus et verbis scholasticis purgatae* (Göttingen 1756) und seinen *Gedanken von der Beschaffenheit und dem Vor-*

---

23 Scholder, Ursprünge.
24 Dt. Übersetzung in: Merk, Theologie, S. 273–282 oder in: Strecker, Problem, S. 32–44. Vgl. Smend, Begründung; Dohmeier, Grundzüge; Sandys-Wunsch/Eldredge, Gabler; Sæbø, Be-deutung; Hayes/Prussner, Theology, S. 2–5; Kratz, Auslegen.
25 Vgl. Sandys-Wunsch, Bible, S. 260 Anm. 77.
26 Vgl. Zimmerli, Theologie, S. 427; Schwöbel, Theologie IV, S. 291.

zug der biblisch-dogmatischen Theologie vor der alten und neuen scholasti-schen (Lemgo 1758) – was ihn allerdings in Konflikt mit der Göttinger Theologischen Fakultät geraten liess – sowie bei Johannes Coccejus und Georg Calixt.[27] Der Umstand, dass Gabler sich als Gründer der «Biblischen Theologie» dem theologiegeschichtlichen Gedächtnis eingeschrieben hat, ist aber aufgrund der Programmatik seiner Rede durchaus gerechtfertigt.[28] Gabler beklagte keineswegs die Auflösung der Einheit von Bibel und Dogmatik, er versuchte vielmehr, über eine rechte Unterscheidung (*discrimen*) diesen Vorgang sachgemäss zu verstehen. Biblische und dogmatische Theologie sind seiner Ansicht nach auseinanderzuhalten. Biblische Theologie ist ein *historisches* Unterfangen, das die Theologie der biblischen Autoren rekonstruiert. Dogmatische Theologie hingegen zielt auf die Formulierung einer *zeitgemässen* Theologie ab, die notgedrungen sich von der biblischen Theologie entfernen muss, die einer anderen, vergangenen Zeit entstammt. Damit aber die Dogmatik an die historisch ausgerichtete Biblische Theologie zurückgebunden bleiben kann, führt Gabler innerhalb der biblischen Theologie eine weitere Unterscheidung ein, diejenige zwischen «wahrer» und «reiner» biblischer Theologie: Die «wahre biblische Theologie» verbleibt im *historischen* Rahmen der biblischen Welt und ihrer Denkvorstellungen, während die «reine biblische Theologie» die allgemeinen, *zeitlosen* Vorstellungen hinter dieser historisch-bedingten Auffassung der Bibel zu eruieren und damit eine Brücke zur zeitgemässen Dogmatik zu bauen versucht.[29] Biblische Theologie und Dogmatik konnten so bei Gabler einander arbeitsteilig zugeordnet werden. Es wird aber gleichwohl deutlich, dass Gablers Vorschlag Bibel und Dogmatik nicht wirklich versöhnt, sondern vielmehr die Differenzen in

---

27 Vgl. Zimmerli, Theologie, S. 427, Wallmann, Theologiebegriff.
28 Vgl. Merk, Theologie, S. 29–140. So würdigt Daniel Georg Conrad von Cölln, Biblische Theologie, Leipzig 1836, Gabler in der Weise, dass ihm das Verdienst zukomme, «den Unterschied der biblischen und dogmatischen oder vielmehr systematischen Theologie zuerst richtig erkannt zu haben und in dem historischen Charakter der ersteren, dem wissenschaftlichen der letzteren gefunden zu haben. Nach dieser Unterscheidung bestimmt sich der biblische Bestandtheil der Dogmatik durch Ermittelung des Allgemeingültigen in den Bibellehren, welches mit Hülfe der Philosophie aus dem bloß Localen, Temporellen und Individuellen muß herausgefunden, wissenschaftlich begründet und verknüpft werden. Dagegen hat es die biblische Theologie lediglich mit der factischen Ermittelung der in den biblischen Schriften wirklich enthaltenen Religionsbegriffe zu thun und muß auch das bloß Locale, Temporelle und Individuelle aufnehmen, weil es gerade am meisten charakteristisch ist für die religiöse Denkart des Zeitalters und der einzelnen Personen.» (S. 24)
29 Eine solche «reine Theologie» legte im Gefolge etwa Ammon, Entwurf (vgl. Ammon, Beitrag) vor, die allerdings für Gabler inakzeptabel war (vgl. Merk, Theologie, S. 82–90; Frey, Problem, S. 24 Anm. 80).

einem Stufenmodell nur schrittweise und scheinbar verkleinert hat.[30] Bibel, wahre biblische Theologie, reine biblische Theologie und Dogmatik bleiben nebeneinander bestehen – und bieten jeweils unterschiedliche Grade der Systematisierung und des Gegenwartsbezugs derselben Botschaft.

In etwas anderer, nämlich polemischer Weise bestimmte Gotthilf Traugott Zachariä in seiner *Biblische Theologie oder Untersuchung des biblischen Grundes der vornehmsten theologischen Lehren*[31] (Göttingen 1786) das Verhältnis von biblischer und dogmatischer Theologie. Die Biblische Kritik der Dogmatik ziele darauf ab, «die systematischen und biblischen Ideen unter einander zu vergleichen und genau zu untersuchen, was bei den angenommenen systematischen Ideen, welche jederzeit ihre Quelle in gewissen biblischen Ausdrücken haben, richtig oder unrichtig sei» (S. 8). Tatsächlich aber stand Zachariä durchweg in der Gefahr, den traditionellen Dogmatismus durch seinen eigenen Biblizismus zu ersetzen, der er mitunter auch erlag.[32]

2. Das Zerbrechen der Biblischen Theologie in eine Theologie des Alten und des Neuen Testaments

Gablers Konstruktion war nicht von Bestand. Namentlich die «reine biblische Theologie» erwies sich als Trojanisches Pferd, das dem Zweck diente, an einer übergeschichtlichen Wahrheit der Bibel nach wie vor festhalten zu können, auch wenn sie nachher durch die Dogmatik notwendigerweise in zeitgebundene Formen übertragen werden musste. Wirkungsgeschichtlich relevant wurde nicht Gablers Zuordnung von biblischer und dogmatischer Theologie, sondern deren Unterscheidung, die sich noch weiter verschärfte: Nicht nur entfernte sich die historisch-kritische Bibelbetrachtung immer mehr von der traditionellen Dogmatik (was bei einigen Bibelwissenschaftlern des 19. Jh. wie etwa Julius Wellhausen auch das Ausscheiden aus der theologischen Fakultät nach sich zog[33]), auch erwies sich die Einheit der Biblischen Theologie als eine nur vorläufige: Altes und Neues Testament sind, so wurde mehr und mehr deutlich, von ihrer theologischen Botschaft her auseinan-

---

30 Vgl. auch den Versuch einer gegenwärtigen Appropriation von Gablers Unterscheidung bei Ritschl, Theologie.

31 In ähnlicher Weise bereits auch Döderlein, Rede; Bahrdt, Versuch. Vgl. zu Zachariä Sandys-Wunsch, Contribution; Sandys-Wunsch, Kaiser.

32 Zur Bedeutung Zachariäs hält Sandys-Wunsch, Bible, S. 261, immerhin fest: «This was one of the first attempts to face up to the fact that the Bible, too, has its history, and there is a yawning gulf between religion as it tended to be practiced in ancient Israel and what in that religion is of importance to us today.»

33 Vgl. Smend, Wellhausen.

derzuhalten, sie stehen nicht einmal in einer entwicklungsgeschichtlich linearen Folge, wie man dies oft etwa in der Zuordnung von Verheissung und Erfüllung oder Gesetz und Evangelium meinte wahrhaben zu müssen.

Die Theologie des Alten Testaments wie auch die Theologie des Neuen Testaments waren also nunmehr, so der sich nach und nach etablierende Konsens, getrennt darzustellen. In der Regel benennt man Georg Lorenz Bauers *Theologie des A.T. oder Abriß der religiösen Begriffe der alten Hebräer. Von den ältesten Zeiten bis auf den Anfang der christlichen Epoche. Zum Gebrauch akademischer Vorlesungen* (Leipzig 1796) als erste eigenständige Vertreterin der neuen Subdisziplin.[34] In der Folge kam die theologische bzw. religionsgeschichtliche Behandlung der Bibel in der Regel im Rahmen einer nach Testamenten gesonderten Behandlung mehr und mehr in Gebrauch, für das Alte Testament sind etwa zu nennen Carl Peter Wilhelm Gramberg, Bruno Bauer, Heinrich Andreas Christoph Hävernick, Ferdinand Hitzig, August Kayser und August Dillmann.[35]

Doch die gesamtbiblische Betrachtungsweise – namentlich in entwicklungsgeschichtlicher Perspektive – blieb nach wie vor wichtig. Besonders hervorzuheben sind Wilhelm Martin Leberecht de Wettes *Biblische Dogmatik Alten und Neuen Testaments. Oder kritische Darstellung der Religionslehre des Hebraismus, des Judenthums und des Urchristenthums* (Berlin 1813, [3]1831) und Wilhelm Vatkes *Die biblische Theologie wissenschaftlich dargestellt. I. Die Religion des A.T.* (Berlin 1835). Wie besonders aus dem Untertitel von de Wettes «Dogmatik» hervorgeht, versuchte man, die Distanz zwischen und innerhalb der Testamente durch eine entwicklungsgeschichtliche Interpretation zu überbrücken.[36]

---

34 Vgl. Merk, Theologie, S. 157–163; Frey, Problem, S. 24.

35 Gramberg, Geschichte; Bauer, Religion; Hävernick, Vorlesungen; Hitzig, Vorlesungen; Kayser, Theologie; Dillmann, Handbuch. Einen detaillierten Überblick über die Arbeiten der Epoche bietet Zimmerli, Theologie, s. zur forschungsgeschichtlichen Orientierung auch – mit Ausblick auf gegenwärtige Problemfelder – Helmer, Theology; Frey, Problem.

36 Eine Ausarbeitung mit Blick auf die Gotteslehre in diesem Sinn hat Ewald, Lehre, vorgelegt; vgl. zuvor Hufnagel, Handbuch. Programmatisch findet sich diese Sicht auch bei Cölln, Theologie, S. 3: «Diese biblischen Grundideen treten aber am deutlichsten und vollendetsten hervor in den ursprünglichen Lehrvorträgen Jesu und seiner unmittelbaren Schüler, so daß von dieser Grundlage aus sich der tiefere Zusammenhang der biblischen Religionsbegriffe am klarsten erkennen, am festesten begründen und in wissenschaftlicher Verbindung darstellen läßt.» – «Der Name einer biblischen Theologie, welchen man dieser Disciplin beigelegt hat, würde, im weitesten Sinn verstanden, denjenigen Bestandtheil der christlichen Theologie bezeichnen, welcher die Behandlung der biblischen Schriften zu seinem Gegenstande hat oder welcher die Auslegung und Kritik der Bibel sammt einer Darlegung des ursprünglichen Gehaltes ihrer Religionsbegriffe in sich faßt, also mit der sogenannten

Das Zerbrechen der gesamtbiblischen Theologie in eine Theologie des Alten und des Neuen Testaments ist im Rahmen der Gesamtgeschichte des Theologiebegriffs ein höchst bedeutsamer Vorgang. Damit wurde das erste Mal, in der Sache, der Theologiebegriff *pluralfähig*. Die Bibel hat nicht eine Theologie, sondern – wie man aus heutiger Sicht sagen muss: *mindestens* – zwei Theologien, eine alttestamentliche und eine neutestamentliche. Nachdem sich diese Differenz erst einmal etablieren konnte, standen der weiteren Pluralisierung des Theologiebegriffs, wie sie sich dann im Verlauf des 20. und Anfang des 21. Jh. ergeben konnte, keine grundsätzlichen Hindernisse mehr entgegen.

IV Die romantische Abwertung des Theologiebegriffs

1. Die Unterscheidung von Religion und Theologie und die Entdeckung des «religiösen Bewusstseins»

Das späte 18. und frühe 19. Jh. sind in ihrer geschichtlichen Bedeutung für die Frage nach der Angemessenheit der Anwendung der Theologiebegrifflichkeit auf alttestamentliche Texte ebenfalls von entscheidender Bedeutung. In diese Periode fallen einerseits die für die Folgezeit massgebliche Unterscheidung von Religion und Theologie und andererseits die Entdeckung von Religion als einer «eigenen Provinz im Gemüte» (Friedrich Schleiermacher): Religion ist nicht einfach eine Angelegenheit des Geistes, des Verstandes oder des Gefühls, sondern ein Phänomen *sui generis*. Entsprechend kann sie nicht einfach mit den traditionellen Mitteln von Theologie und Philosophie hinreichend beurteilt werden.[37] Religion ist immer mehr, als was Theologie und Philosophie von ihr zu erfassen vermögen.

---

exegetischen Theologie zusammenfallen.» (S. 5) – «Was nun das Verhältniß der biblischen Theologie zu den theologischen Studien anlangt, so würde sie, wie bemerkt, im weiteren Sinne genommen, mit der exegetischen Theologie zusammenfallen, im engern aber, welcher hier festgehalten wird, als das letzte und wichtigste Ergebniß der biblischen Studien sich darstellen. Der letzte Zweck des biblisch-exegetischen Studiums muß nämlich dahin gerichtet sein: durch genaue Ermittelung des ursprünglichen Sinnes der biblischen Schriften die in ihnen enthaltenen religiösen Vorstellungen nach ihrem Zusammenhange zu erkennen mit der gesammten Bildung und Eigenthümlichkeit der einzelnen Lehrer, den Verhältnissen des Ortes, der Zeit und der ganzen Beschaffenheit des Volkslebens.» (S. 6)

37 Vgl. dazu Gladigow, Schleiermacher, hier bes. S. 17. Die Situation vor diesen Entwicklungen lässt sich – selbstverständlich nicht vollständig, aber exemplarisch – an dem Werk von Ringmüller, Religionsgeschichte, illustrieren: Schon seine Definition von Religion bindet Theologie und Ethik in den Religionsbegriff ein, trifft also keine grundlegende Unterscheidung zwischen beiden: «Die Erkenntnis Gottes und die einem Gott anständige und wohlge-

Im 18. Jahrhundert begann sich dann vor allem die grundlegende Unterscheidung von Religion und Theologie durchzusetzen, die dann vor allem in der Neologie – besonders bei Johann Salomo Semler[38] – weiter akzentuiert wurde,[39] und es etablierte sich das Verständnis von Theologie als auf Religion bezogene Reflexion. Damit entstand die grundlegende Zuordnung von Religion und Theologie, wie sie auch die heutige Diskussion zum Verhältnis der beiden Begriffe bestimmt.[40]

Kräftig unterstützt worden ist diese Unterscheidung zunächst durch Johann Gottfried Herder, dann aber vor allem durch Friedrich Schleiermacher.[41] Besonders die Begriffsprägungen Schleiermachers haben sich in der Folge in der alttestamentlichen Wissenschaft durchgesetzt. Bei de Wette wird der Religionsbegriff Schleiermachers[42] explizit aufgegriffen und in die exegetischen Disziplinen eingespeist. Umgekehrt bürgert sich in der Folge in der alttestamentlichen Wissenschaft mehr und mehr ein negativ konnotiertes Theologieverständnis ein. Religion ist Erleben, Gefühl, Sinn und Geschmack für

---

fällige Dienstleistung ist das, was man Religion nennt.» (S. 2) Ringmüller kann entsprechend dieser Definition die Religionsgeschichte in «theologischer» Absicht grundsätzlich zweiteilen, sie zerfällt in eine Geschichte der wahren und der falschen Religion. Die wahre Religion ist die biblische, die durch den Glauben an den entweder kommenden (so im alten Israel) oder den gekommenen Erlöser (Christentum) geprägt ist, die falsche Religion wird durch das Heidentum repräsentiert, aus dem sich allerdings «auch viele und große Vortheile ziehen [lassen]: es wachsen auf diesem unfruchtbaren Felde die schönsten Blumen» (S. *4).

38 Vgl. dazu Feil, Religio, S. 427–458; Hess, Theologie; Hornig, Semler. Zur Religionsdefinition Semlers vgl. Semler, Geist, S. 60. Er bestimmt Religion als «eine innere geistliche vollkommene, unendliche Religion, die einen unendlichen Gott, geistig immer mehr erkennet und verehret ohne dumme Unterwerfung an ehemalige Menschen und ihre Religionen, immer besser und vollkommener».

39 Ahlers, Unterscheidung; Wagner, Religion, S. 42–54; vgl. zu J. S. Semler in dieser Beziehung auch Rendtorff, Kirche, S. 32–36, hier S. 34: «Semler [...] greift die Unterscheidung von Theologie und Religion auf, nicht um die Theologie zu definieren, sondern um sie als kirchliche in ihre Schranken zu weisen, um ihr und ihrer Vorherrschaft die Allgemeinheit und Universalität des christlichen Glaubens und Denkens zu entreißen, daß sie sich frei entfalten kann.» Vgl. auch weiter Rendtorff, Bibelwissenschaft.

40 Vgl. etwa Wagner, Religion, S. 49: «Theologie ist die wissenschaftliche Beschäftigung mit der Religion, die vorwissenschaftlich, und d. h. unabhängig von der Theologie, vom religiösen Bewußtsein immer schon gelebt wird.»

41 Vgl. Wagner, Theologie, S. 49: «Religion und religiöses Bewußtsein basieren nicht primär auf der durch kirchliche Tradition und Autorität verbürgten Vorgegebenheit von dargestellten Inhalten; vielmehr verdanken sich Religion und Christentum der Gottesbeziehung und dem Gottesbewußtsein des religiösen Bewußtseins, so dass die Geltung der religiösen Inhalte davon abhängt, daß sie als Ausdrucksphänomene des religiösen Bewußtseins rekonstruierbar sind.»

42 Vgl. das Vorwort zur Biblischen Dogmatik. Siehe zu de Wette Merk, Theologie, S. 210–214.

das Unendliche, was durch die Theologie nicht erklärt und erschlossen, sondern vielmehr auch verdorben werden kann.

Als eines unter vielen möglichen Beispielen lässt sich hier die Position Bernhard Duhms anführen.[43] Seine Hauptaufgabe in der Arbeit am Alten Testament sieht er darin, «die Religion in dem Stadium zu betrachten, wo sie noch keine Theologie hat oder wenigstens noch nicht ganz von ihr beherrscht wird».[44] Diese Bedrohung kann er besonders im Bereich der Prophetie aufzeigen. In seinem Kommentar zum Buch Jeremia schreibt er über die Gegner Jeremias:

«In der That haben jene ersten Theologen, die die Geschichte der biblischen Religion kennt, wider Willen sofort den tiefen Gegensatz ans Licht gestellt, der zu allen Zeiten zwischen der Inspiration und der Gelehrsamkeit, zwischen dem lebendigen Drang der schöpferischen Geister nach vorwärts und dem Bestreben der Epigonen und der nachahmenden Laien besteht, auf den Errungenschaften einer früheren Zeit auszuruhen, das Wort eines Meisters als einen toten Schatz zu behandeln, als ein Idol, das nichts Neues, Besseres neben sich vertragen kann. Es ist recht eigentlich die Trägödie der Religion, dass der tote Prophet den lebenden tötet. Die Gedanken der älteren Propheten, eines Amos, Hosea, Jesaia, sind es, die die deuteronomistischen Theologen in ein System zu bringen glaubten und um ihretwillen musste Jer[emia] zum Märtyrer werden».[45]

Zum Buch Jona bemerkt er:

«Schade, dass der alttestamentliche Kanon von Theologen zusammengestellt ist, sonst hätten wir […] mehr von dieser Literaturgattung.»[46]

Jona ist eine anrührende Erzählung über den Propheten und seinen Gott, die keine fixierte Botschaft verkündigt, sondern eine lebendige Gottesbeziehung darstellt. Deshalb schätzt Duhm dieses Buch mehr als andere im biblischen Kanon.

Die lebendige Religion des Alten Testaments muss also hinter dessen theologisch geprägter und überarbeiteter Gestalt allererst jeweils wieder aus-

---

43 Vgl. die Hinweise bei Smend, Theologie.

44 Duhm, Geheimnis, S. 7. Vgl. auch Duhm, Jesaja, S. 67: «Die Religion vermenschlicht die höhere Welt, die Theologie entmenschlicht sie dann wieder.» In seinem Jesjakommentar finden sich allerdings auch Inkonsistenzen bezüglich der Verwendung der Theologiebegrifflichkeit. So kann Duhm auf der einen Seite zu Jesaja bemerken: «jede theologische Ader» gehe ihm ab (Jesaja, S. 226). Andererseits kann er (Jesaja, S. 221) auch von «Jes.s Theologie» sprechen.

45 Duhm, Jeremia, S. 90.

46 Duhm, Anmerkungen, S. 112.

gegraben werden. Letztlich ist diese Überzeugung eine der wichtigsten Triebkräfte für den Erfolg der Bibelkritik im theologischen Universitätsbetrieb des 19. Jh.: Duhm wie viele seiner Kollegen in den alttestamentlichen Wissenschaften betrieben das Geschäft der historischen Kritik vor allem deshalb so intensiv, mit kaum erläuterter Begeisterung und intuitiv wahrgenommener Notwendigkeit, weil sie der Auffassung waren, nur so von der – pejorativ eingeschätzten – Theologie der biblischen Schriften zur wahren Religion vorstossen zu können. Bibelkritik war ein Geschäft, dessen Notwendigkeit von selbstverständlicher Evidenz war.

2. Das idealistische Erbe der «Religionsgeschichte» und seine
   historisch-kritische Rezeption und Transformation

Für das forschungsgeschichtliche Verständnis der Konjunktur der Religionsbegrifflichkeit und der religionsgeschichtlichen Fragestellung in der alttestamentlichen Wissenschaft des 19. Jh. ist es hilfreich zu sehen, dass die Anfänge religionsgeschichtlichen Fragens im 19. Jh. nicht nur von Schleiermacher inspiriert, sondern in der Folge stark hegelianisch geprägt worden sind. Rudolf Smend (sen.) hielt 1899 prägnant und zutreffend fest:

«Geschaffen ist die alttestamentliche Religionsgeschichte von Wilhelm Vatke.»[47]

Vatkes *opus magnum*[48] behandelt seinen Gegenstand, die Religionsgeschichte, «sowohl in historisch-kritischer als in dogmatischer Hinsicht» (S. VI) und kann deshalb auch den Namen «biblische Theologie» tragen, von der sie allerdings nur den ersten Teil darstellt.[49] Deren Aufgabenstellung umriss Vatke wie folgt:

«Die biblische Theologie stellt die Idee der Religion dar in der Form, wie sie das Grundbewußtsein des hebräischen Volkes und der urchristlichen Zeit war, oder, was dasselbe sagt, sie stellt die religiösen und ethischen Vorstellungen der heiligen Schrift dar in ihrer historischen Entwickelung und ihrem innern Zusammenhange.» (S. 2)

---

47 Smend, Lehrbuch, S. 3. Zu Vatkes Religionsverständnis vgl. Rogerson, Religion.
48 Vatke, Theologie.
49 «Nach dem Begriffsunterschiede der biblischen Religion zerfällt unsere Wissenschaft in zwei Haupttheile, die Darstellung der Religion des Alten und der Religion des Neuen Testaments. Die besonderen Entwickelungsstufen der Alttestamentlichen Religion, von denen wir nur zwei, die Stufe der Blüthe und des Verfalls, historisch genau verfolgen können, bilden untergeordnete Momente des ersten Theiles und verhalten sich anders zueinander als zur Religion des Neuen Testamentes.» (S. 163f.)

Die Frage nach der Religionsgeschichte des antiken Israel – aufgrund der damaligen Quellenlage auch als alttestamentliche Religionsgeschichte benennbar – bediente in ihren forschungsgeschichtlichen Entstehungszusammenhängen also erheblich mehr als nur ein kritisch-historiographisches Interesse. Die Religionsgeschichte des antiken Israel gehört in einen grösseren universalgeschichtlichen Zusammenhang:

«Alle vorchristlichen Religionen, auch die des Alten Testaments, sind Voraussetzungen, Vorbereitungen, Ahnungen der Einen wahren Religion, und erscheinen erst dann in ihrem wahren Lichte, wenn sie vom Standpunkte der letzteren aus betrachtet werden.»[50]

Entsprechend dieser Aufgabenstellung ist die biblische Theologie in den Kontext weiterer theologischer Arbeitsweisen eingebunden:

«Die biblische Theologie setzt auf der einen Seite diejenigen theologischen Disciplinen voraus, welche die allseitige Erforschung der Schrift unmittelbar zum Gegenstande haben, also die Kanonik, Hermeneutik, Kritik und Exegese; und vereinigt so die Resultate, welche jene der streng-religiösen Sphäre liefern; auf der anderen Seite wirkt die biblische Theologie aber auch bestimmend auf jene Disciplinen zurück, sofern dieselben bei der Behandlung des religiösen Inhalts der Schrift ihre Principien von der Totalbetrachtung dieses Inhalts entlehnen.» (S. 8)

Die biblische Theologie basiert, so Vatke, auf den üblichen analytischen Schritten der historischen Kritik, bestimmt diese Schritte aber auch von ihrer synthetischen Perspektive her. Aus heutiger Sicht bemerkenswert ist die Erkenntnis der Bedeutung des 8. Jh. v. Chr. als Zäsur in der Quellenlage:

«Die Quellen für die ältere Geschichte der alttestamentlichen Religion sind aus der späteren Sage geflossen und deshalb lückenhaft und unsicher; seit der Richterperiode und noch mehr seit dem davidischen Zeitalter gewinnt die Tradition einen historischen Charakter, läßt sich aber mit völliger Sicherheit erst seit dem achten Jahrhundert verfolgen auf dem Grunde der nun beginnenden prophetischen Schriften.»[51]

Neben Vatke müssen auch Daniel von Cölln, Bruno Bauer, Ferdinand Hitzig[52] und August Dillmann[53] als Vertreter eines ideengeschichtlichen Zu-

---

50 Vatke, Theologie, S. 18.
51 Vatke, Theologie, S. 177f.
52 Hitzig, Vorlesungen.
53 Dillmann, Handbuch.

gangs zur alttestamentlichen Theologie gelten. Noch Heinrich Ewald[54] deutete die geistige Geschichte Israels als Wachstumsprozess seiner Religion, die sich nach und nach zur Perfektion erhebt. Doch gegen Ende des 19. Jh. setzte sich die Richtung von Abraham Kuenen[55], Julius Wellhausen,[56] Bernhard Stade[57] und Karl Budde durch, die – unter dem zeitgenössischen Einfluss von Positivismus und Evolutionismus – einer kritisch und historisch ausgerichteten Arbeitsweise das Wort redeten.[58] Natürlich war auch Wellhausen stark von Vatke beeinflusst und musste sich des Vorwurfs, ein Hegelianer zu sein, erwehren,[59] doch steht der Unterschied seiner wissenschaftlichen Arbeit zu derjenigen der hegelianisch geprägten ideengeschichtlichen deutlich vor Augen. Wellhausen arbeitet nach den historischen Standards seiner Zeit, doch die Entwicklungsgeschichte der Religion Israels spielt immer noch eine entscheidende Rolle:

> «Die israelitische Religion hat sich aus dem Heidentum erst allmählich emporgearbeitet; das eben ist der Inhalt ihrer Geschichte.»[60]

Die auf die Entstehung des Judentums zulaufende Religionsgeschichte Israels wird bei Wellhausen also als geistesgeschichtliche Ablösung vom Heidentum interpretiert. Religionsgeschichte ist mithin ein sinntragender Prozess, der von niederen zu weiter entwickelten Formen der Reflexion führt.

3. Religion und Theologie bei F. Max Müller

Das späte 19. Jh. ist die Epoche der Ausbildung einer eigenständigen Religionswissenschaft – ein Vorgang, der auch für die Entwicklungsgeschichte der Theologiebegrifflichkeit von Bedeutung ist, zumal dieser in der frühen Religionswissenschaft noch problemlos verwendbar war. Zu ihren Pionieren gehört F. Max Müller,[61] der sich in materialer Hinsicht vor allem um die Erschliessung der Sanskritliteratur für den englischen Sprachraum verdient gemacht hat. Die von ihm geplante und begonnene Reihe *Sacred Books of the East*, die von 1879–1910 bei Oxford University Press erschienen ist und in 50 Bänden die wichtigsten Texte des Hinduismus, Buddhismus, Daoismus,

---

54 Ewald, Geschichte, S. 9.
55 Kuenen, Godsdienst.
56 Wellhausen, Prolegomena.
57 Stade, Aufgabe.
58 Vgl. dazu Reventlow, Hauptprobleme, S. 5f.
59 Vgl. die Dokumentation und forschungsgeschichtliche Einordnung bei Perlitt, Vatke.
60 Wellhausen, Geschichte, S. 34.
61 Vgl. zu ihm Bosch, Müller; Klimkeit, Müller; Stolz, Gott, S. 289f.

Konfuzianismus, Zoroastrismus, Jainismus und Islam in englischer Übersetzung bietet (F. Max Müller selbst besorgte darin einige Upanischaden, vedische Hymnen und Mahâyâna-Texte und anderes mehr),[62] sollte ursprünglich auch das Alte und das Neue Testament umfassen, doch musste Müller davon aufgrund kirchlichen Widerstandes Abstand nehmen[63], da die kirchentreuen Kreise in der Einsortierung der Bibel in einen grösseren Zusammenhang heiliger Texte aus Asien – nicht ganz zu Unrecht – eine grundsätzliche Relativierung erkannten. Dieses Sammelwerk bildete für Müller die Grundlage einer vergleichenden Religionswissenschaft, als deren Gründer er gilt.

In seiner Bestimmung des Wesens der Religion schloss er deutlich an Schleiermacher an, in dem er Religion als «jene geistige Anlage» bestimmte, «welche den Menschen in den Stand setzt, das Unendliche unter den verschiedensten Namen und wechselndsten Formen zu erfassen».[64] Aus dem Nachsatz wird deutlich, wie er die Religionswissenschaft in Analogie zur Vergleichenden Sprachwissenschaft sah und zunächst vor allem als philologisch-historisch ausgerichtet bestimmte.

> «Was würden wohl classische Gelehrte dazu sagen, wenn Leute, die nie Griechisch gelernt, über die Religion Homer's aburtheilen wollten; was würden Theologen sagen, wenn man, ohne Kenntniss des Hebräischen, über Moses und die Propheten zu sprechen wagte!»[65]

Doch Müller interessiert sich nicht nur für die konkreten Erscheinungsformen der Religion, sondern weist der Religionswissenschaft auch evaluative und theoretische Aufgaben zu:

> «Auf Grund der zwei Bedeutungen, welche, wie wir sahen, das Wort Religion besitzt, zerfällt die Religionswissenschaft in zwei Theile. Der erste, welcher sich mit den historischen Erscheinungen der Religion beschäftigt, heisst *Vergleichende Theologie*; der zweite, welcher die Bedingungen zu erklären hat, unter denen Religion in den höchsten oder niedrigsten Entwicklungsphasen möglich ist, heisst *Theoretische Theologie*.»[66]

---

62 Müller, Upanishads; Müller, Hymns. Ausserdem war Müller am Band Cowell, Texts beteiligt. Vgl. auch Klimkeit, Müller, S. 31. Die Bände sind online abrufbar unter http://www.holybooks.com/the-sacred-books-of-the-east-all-50-volumes.
63 Vgl. Klimkeit, Müller, S. 30.
64 Müller, Einleitung, S. 17.
65 Müller, Einleitung, S. 33.
66 Müller, Einleitung, S. 19.

Bemerkenswert an diesem Vorschlag einer Zweiteilung der Aufgaben der Religionswissenschaft ist, dass Müller für beide Subdisziplinen die Theologiebegrifflichkeit verwendet. Dahinter steht die Position, dass Reflexionsbezüge auf Erscheinungsformen der Religion als Theologie benannt werden können. Anders als etwa bei Vatke spielt das Christentum in diesem doppelten Programm nicht *a priori* eine herausragende Rolle:

> «Ich muss gestehen, dass mir die, welche ein vergleichendes Studium der Religion als ein Mittel betrachten, um das Christentum herab und die andere Religion hinauf zu drücken, ebenso unwillkommene Bundesgenossen sind, als die, welche es für nöthig halten, alle anderen Religionen zu erniedrigen, um das Christenthum zu erhöhen. Die Wissenschaft braucht keine Parteigänger.»[67]

Allerdings nimmt das Christentum de facto für Müller doch eine Sonderstellung unter den Religionen ein, da es als einzige den Boden für eine «Vergleichende Theologie» schuf.[68] Doch es verhält sich nicht so, dass das Christentum die vollkommene Religion darstellt, auf die die gesamte Religionsgeschichte zuläuft und in der sie kulminiert. In Anlehnung an Johann Wolfgang von Goethe hielt Müller fest:

> «Ganz dasselbe [wie von den Sprachen] gilt von den Religionen. Wer eine kennt, kennt keine.»[69]

---

67 Müller, Einleitung, S. 34.
68 Klimkeit, Müller, S. 37. Die Vertreter der religionsgeschichtlichen Schule gingen in dieser Hinsicht noch etwas weiter, wie Vollenweider (Streit, S. 24) zutreffend festgestellt hat: «Die Deskription geht einher mit einer normativen Ausrichtung. Das Christentum besetzt dabei explizit die Spitzenposition in der geschichtlichen Aufwärtsentwicklung der Religionen. Dies wird bei Ernst Troeltsch, dem ‹Systematiker und Dogmatiker› der Religionsgeschichtlichen Schule, differenziert diskutiert, bei anderen Autoren aber, wie etwa bei Wilhelm Bousset in den sehr wirkmächtigen ‹Religionsgeschichtlichen Volksbüchern›, pathetisch vorgetragen: Es ‹ist aber der christliche Gottesglaube wiederum nur die klarste Ausprägung all dessen, was in der langen Geschichte der Religionen mühsam nach Gestaltung gerungen hat› [Bousset, Gottesglaube, S. 12; vgl. Bousset, Wesen, S. 173–176 und bes. S. 195: ‹im Christentum ist nicht nur ein höchster Punkt der Entwicklung gegeben, in ihm scheinen auch alle bisherigen Linien zusammenzulaufen›]. Zwar distanzieren sich die Religionsgeschichtler von der dogmatisch normierten Theologie, aber sie setzen auf ‹Offenbarung›. So stellt Religionsgeschichte das heraus, was sich in Empfindung, Gefühl und Ahnung des Rätselhaften kundgibt. Die Gestalt Jesu als eines überragenden prophetischen Führers markiert den Gipfel des Gottesglaubens, während die dogmatische Christologie verworfen wird.»
69 Müller, Einleitung, S. 14.

Mit dieser Position bereitete er einen unvoreingenommenen Blick auf die Religionsgeschichte vor, der allerdings noch mit heftigem Widerstand zu kämpfen hatte, wie die prägnante Erwiderung Adolf von Harnacks zum Stellenwert des Christentums 30 Jahre später festhielt, die Müllers Position umdrehte:

«Wer diese Religion kennt, kennt keine, und wer sie samt ihrer Geschichte kennt, kennt alle.»[70]

Doch auf die Dauer konnte sich die Position Müllers gegen diejenige von Harnacks durchsetzen. Das Christentum ist nicht die Religion schlechthin, sondern stellt eine historische Ausgestaltungsform neben anderen dar, die sich – in dieser Richtung hat sich jedenfalls die sogenannte Religionsphänomenologie entwickelt – auch nicht so einfach in vergleichbare Einzelbestände auflösen lassen, sondern je eigene Deutungsuniversen mit spezifischen Akzentuierungen darstellen.[71]

4. Das faktische Verschwinden der Teildisziplin «Theologie des Alten Testaments» im Zuge ihrer Historisierung an der Wende zum 20. Jahrhundert

Im Verlauf des 19. Jh. setzte sich innerhalb der christlichen Theologie in der alttestamentlichen Wissenschaft im Kontext der dargestellten Prozesse und Entwicklungen mehr und mehr ein historisch-deskriptiver Zugang zur Theologie des Alten Testaments durch. Kräftig unterstützt wurde er durch die Ausbildung der Altorientalistik sowie die aufkommende Völkerkunde.[72] Die Begeisterung für die religionsgeschichtliche Arbeit blieb nicht ohne Folgen für die Theologie, ja diese Folgen waren im Bereich der alttestamentlichen Wissenschaft von einschneidender Bedeutung. So entschied sich etwa Hermann Schultz in seiner mehrfach aufgelegten *Alttestamentlichen Theologie* für eine rein geschichtliche Zugangsweise zu seinem Gegenstand:

---

70 Von Harnack, Aufgabe, S. 159–178, dort S. 168, vgl. dazu Colpe, Bemerkungen.
71 Vgl. zur Diskussion die Beiträge in Michaels u.a., Chance.
72 Vgl. prägnant wiederum Vollenweider, Streit, S. 26: «Für den religionsgeschichtlichen Aufbruch ist der geisteswissenschaftliche Kontext in der zweiten Hälfte des 19. Jahrhunderts von großer Tragweite: die Herausbildung der morgenländischen Philologien und die völkerkundliche Horizonterweiterung. Hinzuweisen ist insbesondere auf die Wechselwirkungen mit der klassischen Philologie, vorbereitet von Hermann Usener und seinen Schülern (etwa Albrecht Dieterich), dann bei Gelehrten wie Richard Reitzenstein, Eduard Norden und Paul Wendland.»

«Die Aufgabe der biblischen Theologie ist also eine rein geschichtliche Darstellung, deren Quellen die biblischen Bücher sind.» – «Die biblische Theologie soll rein geschichtlich zeigen, welche Glaubensanschauungen und sittlichen Begriffe in der Werdezeit der israelitischen und der christlichen Religion vorhanden gewesen sind [...] Was die biblische Theologie als den religiösen und ethischen Inhalt einer bestimmten Entwicklungszeit nachweist, das hat damit noch keineswegs ein Recht, in der christlichen Glaubens- und Sittenlehre.»[73]

Mit vergleichbarer Stossrichtung, aber in der Sache noch drastischer schrieb Bernhard Stade:

«Unter Biblischer Theologie des AT versteht man die Geschichte der Religion unter dem Alten Bunde.»[74] – «Es ist daher die Aufgabe der Biblischen Theologie des AT, die Entstehung und den Inhalt des religiösen Glaubens des Judentums und seiner Ideale darzulegen, an die Jesus in seiner Verkündigung, die nt. Schriftsteller in ihrem Bericht über diese und in der Deutung seiner Person anknüpfen, und welche eben deswegen die historische Voraussetzung des Christentums sind.»[75]

Ebenso wie Heinrich Schultz und Karl Marti verfuhr Ernst Kautzsch in seiner posthum herausgegebenen *Biblischen Theologie des Alten Testaments* (Tübingen 1911), die ohne methodische Vorüberlegungen als «Religionsgeschichte Israels» (2) angelegt ist.

Wie umfassend sich diese Zugangsweise etablieren konnte, zeigt der Umstand, dass auch die eher konservativen Theologien des Alten Testaments, die damals erschienen, deren Aufgabe in dieser Weise bestimmen konnten:

«Die Theologie des Alten Testaments, der erste Hauptteil der biblischen Theologie, ist die historisch-genetische Darstellung der in den kanonischen Schriften des Alten Testaments enthaltenen Religion.»[76]

Doch stand hinter dieser geschichtlichen Beschreibung ein ganz anderer Geschichtsbegriff, wie er etwa in der heilsgeschichtlichen Theologie Johann Christian Konrad von Hofmann[77] ausgeformt worden ist:

---

73 Schultz, Theologie, 2.5; vgl. zu Schultz Ulrich, Hermann Schultz' «Alttestamentliche Theologie». W.H. Schmidt (Theologie, S.157) kommentiert dazu: «Mit diesem Grundsatz hat sich die alttestamentliche Wissenschaft nicht nur praktisch oder methodisch, sondern prinzipiell und absichtlich von der Theologie getrennt, soweit sie jedenfalls in gegenwärtiger Verantwortung zu betreiben ist.» Dieses Urteil wird noch zu diskutieren sein.
74 Stade, Theologie, S.1. Vgl. auch Smend, Lehrbuch, S.1 (u. Anm.93).
75 Smend, Lehrbuch, S.2.
76 Oehler, Theologie, S.7.
77 Vgl. dazu die nach wie vor lehrreiche Studie von Steck, Idee.

«Die Theologie des Alten Testaments hat demnach den Stufengang zu verfolgen, durch welchen die alttestamentliche Offenbarung zur Vollendung des Heils in Christo fortschreitet, und sie hat die Formen, in welchen unter dem Alten Bund die Gemeinschaft zwischen Gott und den Menschen sich ausgeprägt hat, allseitig zur Anschauung zu bringen. [...] ihre Aufgabe ist, um es kurz auszudrücken, die Darstellung der ganzen Offenbarungsökonomie.»[78]

Terminologisch fassbar werden die Konsequenzen dieser Überzeugung bei Rudolf Smend und Karl Marti, die ihre als «Theologien» angegangenen Projekte nun mit «Lehrbuch der alttestamentlichen Religionsgeschichte» bzw. «Geschichte der israelitischen Religion» betitelten.[79] Bezeichnend für diese Zugangsweise ist der Vorgang, dass Karl Marti 1897 für seine Neubearbeitung von August Kaysers «Theologie des Alten Testaments in ihrer geschichtlichen Entwicklung dargestellt» (Strassburg 1886) schlicht deren Titel zu «Geschichte der Israelitischen Religion» ändern konnte (Strassburg ³1897)[80]. Das war nicht schwierig, denn Marti bestimmte die Aufgabe beider Zugangsweisen unterschiedslos wie folgt:

---

78 Oehler, Theologie, S. 8.
79 Smend, Lehrbuch, S. 1: «Biblische Theologie nennt man zuweilen noch die Summe von Disciplinen, die die Erforschung der Bibel zu ihrem Gegenstande haben. Aber gewöhnlich versteht man darunter in engerem Sinne die letzte Frucht aller auf die Bibel gerichteten Arbeit, nämlich die Darstellung der biblischen Religion. In beiden Fällen hat der Name einmal sein geschichtliches Recht gehabt, aber in keinem von beiden entspricht er dem Wesen der heutigen Bibelforschung. Jedenfalls handelt es sich bei der Darstellung der alttestamentlichen Religion viel weniger um theologische Vorstellungen und Begriffe, als vielmehr um die Geschichte der Religion. Dem entsprechend will diese Disciplin aber auch genannt sein.» «Die Darstellung der alttestamentlichen Religion darf keine systematische sein.» (S. 7)
80 Die zweite Auflage von Kaysers Theologie hatte Marti noch unter demselben Titel besorgt (1894). Die Titeländerung rechtfertigt er von der dritten Auflage an wie folgt: «Die Kritik, welche das Buch in der neuen Gestalt überaus freundlich aufnahm, fand aber zugleich, dass es mit den alten Namen an der Spitze zugleich unter falscher Flagge segle. Das war der Grund, warum ich die folgenden Auflagen mit neuem Titel ausrüstete. ‹Geschichte der israelitischen Religion›, wie es von da an heisst, entspricht übrigens auch dem ganzen Aufbau des Buches weit besser; denn es wird dadurch die Erkenntnis zum Ausdruck gebracht, dass es unmöglich sei, aus einem so vielgestaltigen und manngifaltigem Buche, wie das Alte Testament es ist, eine einheitliche Theologie abzuleiten. Den Stoff, den die sogenannten ‹Alttestamentlichen Theologien› bieten, weist also auch die ‹Geschichte der israelitischen Religion› auf, aber in der allein sachgemässen und möglichen historischen Darstellung.» (S. V)

«Unter *Geschichte der israelitischen Religion*, wie unter *Theologie des Alten Testaments* versteht man diejenige Disciplin, welche sich mit der Darstellung des religiösen und ethischen Inhalts des Alten Testaments befasst».[81]

Damit war die Theologie des Alten Testaments sowohl als Projekt als auch nominell identifizierbare Disziplin weitgehend von der Bildfläche verschwunden.[82] Diese Bewegung hatte natürlich ein Gegenstück in der neutestamentlichen Wissenschaft, v. a. prominent vertreten durch William Wrede.[83] Seine Schrift *Über Aufgabe und Methode der sogenannten Neutestamentlichen Theologie* (Göttingen 1897) gilt als entscheidender Markstein einer religionsgeschichtlichen Zugangsweise zu ihrem Gegenstand:

«[I]ch muss gleich anfangs aussprechen, dass ich bei meinen Ausführungen den streng geschichtlichen Charakter der neutestamentlichen Theologie voraussetze.»[84]

Für Wrede war klar, dass nur eine historische Arbeitsweise das Neue Testament angemessen erschliessen könne. Solange man der Theologie des Neuen Testaments «eine direkte Zweckbeziehung auf die Dogmatik gibt», «darf eben mancherlei, z. B. ernsthafte Widersprüche, im Neuen Testament einfach nicht vorkommen.»[85] Martin Dibelius charakterisierte Wredes Programm folgendermassen:

«An die Stelle der ‹Sukzession von Lehrbegriffen› habe die Darstellung der lebendigen Entwicklung der urchristlichen *Religion* zu treten, und dabei dürfe man an den Grenzen des Kanons nicht Halt machen».[86]

Besonders klar aber formulierte Hermann Gunkel den Umschwung, der um die Jahrhundertwende die alt- und neutestamentliche Wissenschaft stark veränderte.

«Kein Zweifel, dass die Ansetzung der B.Th. als einer besonderen, von der Dogmatik zu unterscheidenden Disziplin einmal ein grosser Fortschritt gewesen ist, der niemals wieder zurückgenommen werden kann. Nachdem nun aber die ‹B.Th.› bald 2 Jhd.e hindurch die Herrschaft gehabt hat, mehren sich seit einem Men-

---

81 Kayser, Theologie, S. 1.
82 Vgl. Schmidt, Theologie, S. 157.
83 Die S. 7–80 sind wieder abgedruckt in: Strecker, Problem, S. 81–154. Wrede war mit Elisabeth Schultz verheiratet, der Tochter von Hermann Schultz, dem Verfasser einer entsprechend historisch ausgerichteten «Alttestamentlichen Theologie». Zu den jüngeren Entwicklungen s. Bendemann, Theologie.
84 Wrede, Aufgabe, S. 82.
85 Wrede, Aufgabe, S. 82.
86 Dibelius, Theologie, Sp. 1091.

schenalter die Stimmen, die eine Erneuerung dieser Disziplin fordern. Man hat immer deutlicher eingesehen, dass sowohl in dem Wort ‹Theologie› wie in dem ‹biblisch› Irrtümer enthalten sind. – Zunächst ‹*Theologie*›: Seit Schleiermacher unterscheidet man mit wachsender Deutlichkeit die ‹Religion› selber von ihrer wissenschaftlichen, d. i. erkenntnismässigen Behandlung, d. h. eben der ‹Theologie›; und gerade für das AT ist es klar, dass dort die lebendige, aus dem Herzen kommende Religion eine sehr grosse, das Reflektieren über die Religion aber eine verhältnismässig geringe Rolle spielt: weder die Volksart Israels noch das Zeitalter waren der Reflexion geneigt. Will man also dem Stoffe des AT selber gerecht werden, so wird man auf die *Religion* darin allen Nachdruck legen müssen. [...] Zugleich aber beginnt die durch das Wort ‹*biblisch*› angedeutete Schranke immer mehr dahinzufallen. Die auf dem Boden des israelitischen Volkes erwachsene und blühende Religion ist ein ausserordentlich mannigfaltiges Gebilde, das in allen seinen Gestaltungen und Richtungen, hohen und niederen, erkannt werden soll [...].»[87] – «Blickt man nun tiefer und versucht, die letzten Gründe dieser Unzulänglichkeiten der B.Th. zu erkennen, so bemerkt man, dass diese von der altkirchlichen Inspirationslehre beherrscht wird; daher muss sie den gesamten biblischen Stoff wie auf einer Fläche sehen und kann die Gedankeneinheit, die sie in der Bibel zu besitzen glaubt, nach einheitlicher Disposition systematisch anordnen. Wird aber dieser Anordnung gegenwärtig widersprochen, so bedeutet das im letzten Grunde, dass der Geist geschichtlicher Forschung in diese Wissenschaft eingezogen ist. Die Erscheinung, die unser Geschlecht erlebt hat, wonach die B.Th. durch die ‹*Religionsgeschichte Israels*› ersetzt wird, erklärt sich also daraus, dass an die Stelle der Inspirationslehre jetzt der Geist der Geschichtsforschung zu treten beginnt.»[88]

Die Notwendigkeit, die Fragestellung nach einer Biblischen Theologie des Alten Testaments mit derjenigen nach der Religionsgeschichte Israels zu ersetzen, wird bei Gunkel aufgrund der Ablösung der grundlegenden Rahmenbedingungen der Theologie gefordert: Nicht mehr die Inspirationslehre, sondern das historische Denken bestimmt zu seiner Zeit die Theologie. Dieser letzte Satz trifft wohl zu, allerdings brachte die unmittelbar auf Gunkel folgende Forschungsgeschichte andere Entwicklungen mit sich, als sie Gunkel im Blick auf die Biblische Theologie erwartete, wie in Abschnitt VI darzulegen sein wird.

---

87 Gunkel, Theologie, Sp. 1089f.
88 Gunkel, Theologie, Sp. 1090f. Besonders bemerkenswert ist in diesem Zusammenhang auch
    seine Aussage im Vorwort zu seinem Genesiskommentar: «Wer sich Theologe nennt, muss
    die *Religion* studieren.» (Gunkel, Genesis, o. S., Hervorhebung im Original gesperrt).

Im Folgenden ist aber zunächst, vor allem aus Gründen der Koinzidenz, auf die Rezeption des Begriffs «Theologie» in der jüdischen Forschung des 19. Jh. einzugehen.

v Die Rezeption des Theologiebegriffs in der «Wissenschaft vom Judentum» und seine Anwendung auf die rabbinische Überlieferung

Der Begriff «Theologie» hat im Judentum eine vergleichsweise kurze und kontroverse Geschichte, die sich im Wesentlichen auf die Neuzeit beschränkt.[89] Zwar kennen und verwenden bereits Josephus und Philo den Begriff «Theologie» bzw. dessen Derivate,[90] doch verbleiben diese unspezifischen Verwendungsweisen im Wesentlichen innerhalb des Horizonts des profangriechischen Bedeutungsspektrums.[91]

---

89 Auflistungen zur Verwendung der Theologiebegrifflichkeit in der jüdischen Tradition finden sich bei: Ben Zvi, Past, S. 42 Anm. 37; Sweeney, Foundations, S. 161 Anm. 1. In der italienischen Renaissance konnte das Konzept der *theologia prisca* – die Vorstellung einer die Religionen übergreifenden Urwahrheit – auch auf Überlieferungen der jüdischen Kabbala angewendet werden.

90 Siehe o. I.1.

91 Gesundheit hat in diesem Zusammenhang auf Stellen aus dem Talmud aufmerksam gemacht, die ein deutlich systematisierendes Interesse zeigen, so bMakkot 23b–24a: «Rabbi Simlaj trug vor: 613 Vorschriften sind Mosche überliefert worden; 365 Verbote, entsprechend den Tagen des Sonnenjahres und 248 Gebote, entsprechend den Gliedern des Menschen [...]. David kam und brachte sie auf elf [Zitat aus Ps 15]. Jescha'ajahu kam und brachte sie auf sechs [Zitat aus Jes 33,15f]. Micha kam und brauchte sie auf drei [Zitat aus Mi 6,8] Amos kam und brachte sie auf eines, denn es steht geschrieben: ‹Suchet mich und ihr werdet leben.› [...] Raw Nachman bar Jizchak wandte ein. Vielleicht bezieht sich ‹Suchet mich› auf die ganze Tora (also auf alle Gebote). Vielmehr kam Habakuk und brachte sie auf eines, denn es steht geschrieben (Hab 2,4): ‹[...] denn der Gerechte wird durch seine Redlichkeit› leben.» (Gesundheit, Theologie, S. 77f.) Gesundheit führt dazu Graetz, Geschichte, S. 242 an: «Es ist dieses der erste Versuch, sämtliche Gesetze des Judentums auf Prinzipien zurückzuführen.» Erwähnenswert ist in diesem Zusammenhang auch die von Sommer, Psalm, S. 200, angeführte rabbinische Diskussion darüber, dass es erlaubt ist, ein Gebetshaus in eine Lehrhaus umzuwandeln, aber nicht umgekehrt: «Rav Papi said in the name of Rava, ‹[It is] permissible [to convert] a house of prayer into a house of study, but [it is] forbidden [to convert] a house of study into a house of prayer.› But Rav Papa taught the opposite in the name of Rava. Rav Aḥa held that the method of Rav Papi was more likely, since Rabbi Joshua ben Levi had earlier said, ‹It is lawful to convert a house of prayer into a house of study.›» Allerdings wird man zurückhaltend sein, solche komprimierenden Ansätze als systematische Theologien zu bezeichnen, da sie eher reduktiv vorgehen und in ihrer Sprachform aphoristisch bleiben. Gleichwohl ist das Bestreben bemerkenswert, vorgegebene komplexe Überlieferung auf einen gemeinsamen Nenner hin zu befragen.

Prominent rezipiert wurde der Theologiebegriff in programmatischer Gestalt erst im 19. Jh. in der von Leopold Zunz und anderen begründeten und vorangetriebenen Bewegung der «Wissenschaft des Judentums», in deren Rahmen ab 1835 eine *Wissenschaftliche Zeitschrift für jüdische Theologie*, die von Abraham Geiger herausgegeben wurde, und ab 1854 ein Jüdisch-theologisches Seminar in Breslau gegründet wurden, das ab 1886 eine Partner- (und ab 1939 eine Nachfolge-)Institution im Jewish-Theological Seminary of America in New York fand.[92]

Deutlich greifbar wird hinter diesen Bestrebungen die Absicht, Überlieferungen, Traditionen und Geschichte des Judentums in einer gewissen Analogie zum Christentum als Gegentand akademischer Betätigung zu etablieren. Diese Initiativen waren durchaus formgebend. Der Theologiebegriff konnte im ausgehenden 19. und im 20. Jh. im Blick auf die jüdische Überlieferung sowohl von aussen an sie herangetragen werden, wobei wie in den Verwendungen im Christentum die Abgrenzungen zum Religionsbegriff oft unscharf blieben.[93] Ferdinand Wilhelm Weber, ein christlicher Pfarrer, veröffentlichte ein Buch über den Talmud mit dem Titel *Jüdische Theologie auf Grund des Talmud und verwandter Schriften* (Leipzig 1897). Solomon Schechter behandelte *Major Concepts of the Talmud* (so der Untertitel) in seinem mit dem Titel *Aspects of Rabbinic Theology*, (New York 1909, repr. 1961) überschriebenen Buch, Kaufmann Kohler publizierte eine *Jewish Theology Systematically and Historically Considered* (New York 1918), der Sammelband der Schriften von Arthur Marmorstein erschien unter dem Titel *Studies in Jewish Theology* (Oxford 1950), die darin versammelten Studien handeln von *The Background of the Haggadah*, *The Unity of God in Rabbinic Literature*, *The Holy Spirit in the Rabbinic Legend* u. a. Bei Samuel S. Cohon (*Theology. A Historical and Systematic Interpretation of Judaism and its Foundations*, Assen 1971), findet sich ein formal ganz dem Christentum entsprechendes Theologieverständnis, namentlich in der Zuordnung zur Religion:

«Theology conceptualizes religious experience. It translates the life and faith of a reli-gious community into ideas that are intelligible and communicable and give

---

92 Brann, Geschichte, zur Wissenschaft des Judentums auch in den Folgeepochen s. Wilhelm, Wissenschaft; Wiese, Wissenschaft; Brenner/Rohrbacher, Wissenschaft.

93 Allerdings bezog sich der Theologiebegriff kaum je ausschliesslich auf die Bibel, vgl. dazu Sommer, Theology: «Strictly speaking, there can be no such thing as Jewish biblical theology. While many definitions of the term ‹biblical theology› exist, they all accord some privileged place to the Bible. All forms of Jewish theology, however, must base themselves on Judaism's rich post-biblical tradition at last as much as on scripture, and hence a Jewish theology cannot be chiefly biblical.»

coherent answers to the spiritual questions which press upon the mind. The function of Jewish theology is to render the nature and goals of Judaism understandable and to show Judaism's relevance for our times.» 1: «Religion, supplying the data of theological investigation, naturally precedes theology, even as flowers precede botany, or as health precedes hygiene or medicine.» (S. XV)

Theologie wird hier ganz im Sinne der christlichen Tradition als Reflexionsgestalt des Glaubens verstanden.[94] Doch die Verwendung des Theologiebegriffs blieb im Bereich des Judentums gleichwohl auf das Ganze gesehen eher marginal.[95] Zum einen ist dies mit der sachlichen Eigenart der nachbiblischen Traditionsbildung im Judentum zu erklären. Die *Encyclopaedia Judaica* hält im Unterabschnitt *Theology in the Bible* im Rahmen des Artikels *Theology* fest:

«The Bible contains no systematic treatment of theological problems.» (1104) «All this is largely due to the severely concrete, ‹organic› nature of ancient Hebraic thought which hardly bears any resemblances to the philosophical thinking that is the heritage of the Greeks and to which the Western world owes its theology. To a greater or lesser extent the same is true of rabbinic thought.»[96]

Hinzu tritt ein weiterer Aspekt. Entsprechend der damals massgeblichen islamischen Tradition[97] fand die mittelalterliche jüdische Reflexion auf die Bibel und die rabbinische Tradition ihren Ausdruck in eher religionsphilosophisch als theologisch zu bezeichnenden Gesamtentwürfen.[98] Besonders bekannt sind in dieser Hinsicht die Werke von Saadja Gaon und Moses Maimonides. Saadja Gaons *'emunot we-de'ot* («Glaubenslehren und Philosophie») gilt als eine der ersten philosophisch begründeten und systematisch ausgearbeiteten Darstellungen jüdischer Glaubenslehren. Das Buch wurde im Jahr 933 zunächst auf Arabisch unter dem Titel *kitab al-amanat wal-l'tikadat*

---

94 Vgl. aus neuester Zeit auch Neusner, Judaism. Die klassische Darstellung von Y. Kaufmann (Toledot, gekürzte Übersetzung: Kaufmann, Religion) hatte demgegenüber den Glaubens- bzw. Religionsbegriff in den Mittelpunkt gestellt.

95 Vgl. Frymer-Kenski, Emergence, S. 109: «Theology was narrowly understood as the study of God, and writing about God was not considered a Jewish activity.»

96 Jacobs, Theology, S. 1104. Sweeney, *Tanak*, trägt demgegenüber einen ähnlichen Theologiebegriff wie Rendtorff, Theologie, an die Bibel heran. Zur rabbinischen Auslegung Halivni, Peshat; Fishbane, Imagination; Stemberger, Mishnah; im Überblick Stemberger, Hermeneutik.

97 Rudolph, Philosophie, zum Verhältnis zur Theologie vgl. S. 21–23 und Rudolph, Theologie.

98 Hazony, Philosophy, versucht, die gedanklichen Anstrengungen der Hebräischen Bibel über die Philosophiebegrifflichkeit zu beschreiben, verpasst aber dabei die gattungsmässige Prägung der biblischen Texte und strapaziert den Begriff «Philosophie» übermässig.

verfasst und wurde erst im 12. Jh. ins Hebräische übersetzt.[99] In dieser Zeit entstand auch Maimonides' Hauptwerk *Dalālat alḥā'irīn,* das unter dem hebräischen Titel *moreh nevukim* («Lehrer/Führer der Unschlüssigen»)[100] bekannt wurde und Topoi wie Gott, Schöpfung, Mystik, Ethik und Eschatologie philosophisch zu ergründen sucht.[101]

Entsprechend diesen Vorgaben ist neben der Theologiebegrifflichkeit auch die Philosophiebegrifflichkeit für synthetisierende Untersuchungen im Blick auf die Hebräische Bibel verwendet worden. Ein bemerkenswertes Beispiel ist David Neumarks *The Philosophy of the Bible* (Cincinnati 1918), der seinen Titel weder näher erläutet noch sein Verständnis von Theologie gegen dasjenige von Philosophie abgrenzt, sondern in seinem Buch eine «presentation of the history of thought in biblical Judaism» (S. III) geben will. [102] Eine vergleichbare Herangehensweise findet sich neuerdings bei Yoram Hazony, *The Philosophy of Hebrew Scripture. An Introduction* (Cambridge 2012), die allerdings auch auf vehemente Kritik gestossen ist.[103]

VI Die Abwertung des Religionsbegriffs im Umkreis der Dialektischen Theologie

1. Neue Theologien des Alten Testaments der dreissiger Jahre des 20. Jahrhunderts

Alsbald nach dem faktischen Verschwinden der Theologie als einer eigenständigen Fragestellung aus der christlichen alttestamentlichen Wissenschaft gegen Ende des 19. Jh. setzte – nicht unbeeinflusst von der Erfahrung des Ersten Weltkriegs – eine Gegenbewegung ein. Rudolf Kittel[104], Wilhelm Staerk[105], Carl Steuernagel[106] und Otto Eissfeldt[107] forderten je auf ihre Weise eine eigenständige Theologie des Alten Testaments, die sich von einer religionsgeschichtlichen Betrachtung unterscheidet. John J. Collins spricht im

---

99 Fürst, *Emunot we-De'ot.* Vgl. weiter Bacher, Bibelexegese; Hayoun, Exégèse.

100 Vgl. Ben Maimon, Führer

101 Zu Maimonides s. Davidson, Maimonides.

102 Ich danke Shimon Gesundheit (Jerusalem) für den Hinweis auf dieses Werk.

103 Levenson, Error.

104 Kittel, Zukunft.

105 Staerk, Religionsgeschichte.

106 Steuernagel, Theologie.

107 Eissfeldt, Religionsgeschichte, S. 1ff, dort bestimmt er die Aufgabe der Theologie so, dass diese es nicht mit «vergangenem, sondern Gegenwärtig-Zeitlosem» zu tun habe.

Nachhinein sogar von einer «neo-orthodox phase»[108] in der Geschichte der Disziplin «Theologie des Alten Testaments».

Am konsequentesten forderte Otto Eissfeldt das Auseinanderhalten von religionsgeschichtlicher und theologischer Herangehensweise an das Alte Testament:

> «Die historische Betrachtungsweise einerseits und die theologische andererseits gehören zwei verschiedenen Ebenen an. Sie entsprechen zwei verschieden gearteten Funktionen unseres Geistes, dem Erkennen und dem Glauben.»[109]

Die Vermischung der beiden Betrachtungsweisen hielt Eissfeldt für «schädlich» (S. 109) bzw. «gefährlich» (S. 111). Dieser Positionsbezug ist für den vorrangig historisch arbeitenden Eissfeldt auffällig, doch offenkundig begriff er die theologische Dimension des Alten Testaments als von der geschichtlichen qualitativ geschieden:

> «Die historische Erfassung des AT vermag niemals über Relatives und Immanentes hinauszukommen.» (ebd.)

Doch die Theologie fordert eben diese weitere Perspektive und sie muss deshalb über das Historische hinausgreifen. Mit ähnlicher Stossrichtung beklagte Eduard König zu Beginn seiner *Theologie des Alten Testaments*, erschienen 1921 bzw. in dritter Auflage 1923:

> «Die Werke über ‹Biblische Theologie des Alten Testaments›, die in neuerer Zeit erschienen 2sind, bieten alle nur eine Geschichte der israelitischen Religion. Eine systematische Darstellung der Faktoren und Ideen, die in der alttestamentlichen Heilsgeschichte sich lebendig erwiesen haben, geben sie nicht.» (S. III)

Doch die Situation begann sich in den nächsten Jahrzehnten zu verändern. In den dreissiger Jahren des 20. Jahrhunderts erschienen zwei stark systematisierende Theologien des Alten Testaments, diejenigen von Walther Eichrodt und von Ludwig Köhler.[110] Diese Werke konzentrierten sich nicht auf eine historische Rekonstruktion, sondern versuchten vielmehr, eine Zusammenfassung der theologisch relevanten Ideen des Alten Testaments zu bieten. Jörg Jeremias nennt die Aufbrüche in den dreissiger Jahren sogar die eigentliche «Geburtsstunde der ‹Theologie des AT› als selbständiger Disziplin», «weil Exegeten erstmals wieder seit J. Ph. Gabler [...] selbstbewußt und frei von der Angst vor Überfremdung mit den Themen der systematischen Theo-

---

108 Collins, Encounters, S. 13.
109 Eissfeldt, Religionsgeschichte, S. 109. Vgl. dazu Zobel, Eißfeldt.
110 Köhler, Theologie.

logie umgingen.»[111] Sowohl Eichrodts wie auch Köhlers Werk zeigten eine unverkennbare Nähe zu systematisch-theologischen Fragestellungen.[112] Ihre Theologien können nachgerade als Dogmatiken des Alten Testaments bezeichnet werden, die strukturell ähnlich wie christliche Dogmatiken aufgebaut sind, aber als Gegenstand nicht die auf der Bibel *und* der altkirchlichen und gegebenenfalls reformatorischen Entwicklung beruhende Lehrbildung haben, sondern sich auf das Alte Testament beschränken. Man kann diese Entwürfe – wegen ihres alttestamentlichen und nicht gesamtbiblischen Gegenstandes – als so etwas wie «vorläufige» Dogmatiken bezeichnen.

In der Rezeption wurden bisweilen Eichrodts und Köhlers Entwürfe als deutlich voneinander unterschieden gekennzeichnet[113]: Während Köhler einen eher systematischen Aufriss gewählt habe, der Theologie, Anthropologie und Soteriologie unterscheidet[114], habe sich Eichrodt mit dem Thema des Bundes durch ein vom Alten Testament selbst aufgewiesenes Organisationsprinzip leiten lassen. Doch schon die Untertitel von Eichrodts drei Bänden zeigen, dass seine Gliederung derjenigen von Köhler durchaus nahesteht:[115] «Gott und Welt», «Gott und Volk», «Gott und Mensch».[116] Umgekehrt kann man eher von Köhler sagen, dass er sich bei der Abfassung seiner Theologie durch die alttestamentliche Lexikographie und Geisteswelt leiten liess, was bei Eichrodt weniger der Fall war.[117] Deutlich ist aber, dass sowohl Köhlers wie auch Eichrodts Theologien deskriptiv und nicht normativ ausgerichtet sind.[118]

Die Renaissance der Theologie des Alten Testaments in den dreissiger Jahren des 20. Jh. ist, wie gleich unter 2. weiter auszuführen sein wird, nicht ohne einen Seitenblick auf die kurz zuvor auf den Plan getretene Dialektische Theologie zu verstehen, die sich gegen die religionsgeschichtliche und

---

111 Jeremias, Entwürfe, S. 129.
112 Vgl. auch Eichrodt, Theologie.
113 Vgl. Barr, Concept, S. 28–31. Zu Eichrodt vgl. auch Spriggs, Testament.
114 Köhler, Theologie, S. V. Die Überschriften der Hauptabschnitte lauten: «Von Gott» (S. 1), «Vom Menschen» (S. 114), «Von Gericht und Heil» (S. 190).
115 Vgl. Jeremias, Entwürfe, S. 130.
116 Der Aufbau deckt sich mit demjenigen der Theologie von Eichrodts Lehrer Procksch, die allerdings später (1950) als diejenige von Eichrodt (1936–1939) erschien. Eichrodt dürfte aber die Theologie Prockschs der Sache nach aus Vorlesungen gekannt haben (Zimmerli, Biblische Theologie, S. 440).
117 Vgl. Köhler, Mensch. Siehe auch ders., Alttestamentliche Theologie.
118 Eichrodt bekennt sich in der Einleitung zur 5. Aufl. seiner Theologie, zur «Ablehnung aller Verlockungen, sie [die alttestamentliche Theologie] in das Gebiet der normativen Wissenschaften hineingreifen zu lassen.» (VI, vgl. Zimmerli, Biblische Theologie, S. 441).

kulturwissenschaftliche Vereinnahmung der Bibel wehrte und so das Aufkommen theologischer Fragestellungen zur Bibel begünstigte. Interessanterweise ist aber mit Köhler gerade ein Vertreter der liberalen Theologie[119] der Verfasser einer der Hauptwerke dieser Epoche geworden, während Eichrodt, von seinem Erlanger Lehrer Otto Procksch herkommend,[120] deutliche Interessen für eine konfessionell gebundene und ausgeprägte Theologie zeigte.

In den weiteren Umkreis dieses Zugangs gehört die *Theologie des Alten Testaments in Grundzügen* von Theodor Christiaan Vriezen (Neukirchen 1956). In der Abfolge der Zwischentitel folgt zuerst die «Offenbarung» (S. 10) und erst erheblich weiter hinten findet sich die «Theologie» (S. 94):

> «Die Theologie ist nach ihrer Methode und ihrer Sache eine ganz andere Form der Wissenschaft als die israelitische Religionsgeschichte. Nach ihrer Sache, *weil sie nicht speziell die Religion Israels, sondern das Alte Testament zum Gegenstand der Untersuchung hat*; nach ihrer Methode, *weil sie die Predigt des Alten Testaments untersucht, sowohl für sich selbst als auch in ihrer Relation zum Neuen Testament.*» (S. 97, Hervorhebung im Original)

Doch die Zugangsweisen von Eichrodt, Köhler und Vriezen waren, trotz weiter Verbreitung namentlich von Eichrodts Theologie, auf längere Sicht nicht von Bestand: Obwohl sie die Systematisierungen ihrer Theologien möglichst an die Bibel selbst zurückbinden wollten, erwiesen diese sich als Prokrustes-Bett und das alttestamentliche Zeugnis sich als zu vielgestaltig, als dass es sich befriedigend kategorisieren liesse.

2. Religion als «Unglaube» bei Karl Barth

Man wird das Wiedererstehen der Theologie des Alten Testaments in den dreissiger Jahren des 20. Jahrhunderts nicht angemessen verstehen können ohne einen Blick auf das Schicksal des Religionsbegriffs[121] in der Dialektischen Theologie, die ihre schärfste Form in Karl Barths These fand, Religion sei «Unglaube» (KD I/2, S. 324–356, hier 327):

> «Religion ist *Unglaube*, Religion ist eine Angelegenheit, man muß geradezu sagen: *die* Angelegenheit des *gottlosen* Menschen.»

---

119 Vgl. seine Autobiographie (Köhler, Schweizer) sowie Smend, Köhler. Siehe auch Köhlers Stellungnahmen im Disput mit E. Brunner um die Erbsündenlehre, s. dazu Schmid, Geschichte.
120 Vgl. o. S. 41, Anm. 116.
121 Wagner, Religion.

Religion steht bei Barth in Opposition zur Offenbarung, Religion als solche ist Menschenwerk und entsprechend grundsätzlich zu relativieren: «Religion ist niemals und nirgends als solche in sich wahr» (S. 356). Wenn man das Christentum mit der Religionsbegrifflichkeit in Verbindung bringen will, dann ist das nur mit grosser Vorsicht möglich:

> «Der Satz, daß die christliche Religion die wahre Religion sei, ist, wenn er ein gehaltvoller Satz sein will, nur im Gehör auf Gottes Offenbarung zu wagen.» (S. 357)

Mit dieser harschen Äusserung gegen den Religionsbegriff bezog Barth gegen den Mainstream des 19. Jh. Stellung. Mit dem sich nach und nach durchsetzenden Erfolg der Dialektischen Theologie, deren Wirkungen nach 1945 die deutschsprachige evangelische Theologie massgeblich bestimmten, griff diese Skepsis gegenüber «Religion» weiter um sich. Umgekehrt gelangte die jedenfalls in der Bibelwissenschaft des 19. Jahrhunderts eher pejorativ gebrauchte Theologiebegrifflichkeit zu neuer Blüte.

Allerdings hatte diese Entwicklung auch zur Folge, dass die begriffliche Unterscheidung von Religion und Theologie, gerade in der alttestamentlichen Wissenschaft, wieder unklarer wurde. Am deutlichsten lässt sich dies an Gerhard von Rads *Theologie des Alten Testaments* belegen, die unter diesem Titel religiöse, literarische und theologische Aspekte des Alten Testaments besprechen konnte (s. zu ihm unten). Sie ist zwar kein Produkt der zwanziger oder dreissiger Jahre mehr, steht aber doch deutlich in der theologischen Tradition der Dialektischen Theologie. Anders lässt sich die Sprödigkeit dieses Werks gegenüber dem Begriff Religion nicht erklären (s. u. VII. 1.).

Die Stigmatisierung des Begriffs Religion und die Betonung der Offenbarung Gottes in Jesus Christus im Rahmen der Dialektischen Theologie führte in der Folge auch zu den programmatischen Feststellungen von Emil Brunner und Raul Gyllenberg, dass eine Theologie des Alten Testaments unmöglich sei.[122] Da das Alte Testament diese Offenbarung nicht kennt und nicht bezeugt, könne es auch keine selbständige Theologie des Alten Testaments geben. Diese Voten kamen zwar von ausserhalb der alttestamentlichen Wissenschaft, wurden in ihr aber gleichwohl gehört.

Entsprechend hat es denn auch nicht an Stimmen gefehlt, die im Rückblick in sehr harscher Weise den Einfluss der Dialektischen Theologie auf die Bibelwissenschaft kommentierten:

---

122 Brunner, Offenbarung, S. 287: «Es gibt keine ‹Theologie des Alten Testaments›»; vor ihm bereits Gyllenberg, Unmöglichkeit.

«Diese Theologie [sc. die Dialektische Theologie] hat gewiß die von der religionsgeschichtlichen Theologie nicht gelöste Aufgabe aufgegriffen, die besondere Art des Christentums und seines Gottes schärfer zu erfassen, dabei jedoch gerade der atl. Wissenschaft durch den Verzicht auf eine religionsgeschichtliche Betrachtungsweise, das Absehen von einer angemessenen Erfassung der Eigenart auch der israelitischen Religion und die Wiederbelebung der allegorisch-typologischen Auslegung des AT großen Schaden zugefügt.»[123]

Vermutlich stehen hinter dieser Äusserung gewisse persönliche Ressentiments, und es ist schwierig, geistes- und wissenschaftsgeschichtliche Entwicklungen in Begriffen intersubjektiv nachvollziehbar in Kategorien von «schädlich» und «nützlich» zu evaluieren. Gleichwohl zeigt diese Einschätzung doch einige wichtige Defizite auf, die sich in der alttestamentlichen Wissenschaft des mittleren 20. Jh. beobachten lassen.

3. Biblical Theology Movement im angelsächsischen Raum als Spätfolge von Gabler

Die im deutschsprachigen Bereich entstandene Dialektische Theologie entwickelte sich bald zu einer Richtung von globaler Bedeutung, wenn auch mit geografisch unterschiedlichen Akzenten und mit unterschiedlichen Wortführern. Namentlich in Grossbritannien und den USA fand sie grosse Resonanz und führte in und nach dem Zweiten Weltkrieg zu dem sogenannten Biblical Theology Movement.[124] Diese Bewegung versuchte einerseits, die Bedeutung der Bibel für die Theologie stärker hervorzuheben, andererseits die Theologie wieder vermehrt auf die Bibel zurückzuführen. Was die Interpretation biblischer Texte betrifft, so hat Krister Stendahl 1962 in seinem bekannten Artikel zur «Biblischen Theologie» im *Interpreter's Dictionary of the Bible* gefordert, dass die Exegese der Bibel nicht nur zu fragen habe, «what it meant», sondern auch «what it means».[125] Theologische Zugänge zur Bibel haben darin über historische hinauszugehen, dass sie nach der gegenwärtigen Bedeutung biblischer Texte fragen.

John J. Collins reformuliert und adaptiert diese Position in der Sache wie folgt:

---

123 Fohrer, Geschichte, S. 6.
124 Vgl. dazu Reventlow, Hauptprobleme, S. 1–10.
125 Stendahl, Theology, S. 419.

«Biblical theology should not, however, be reduced to the ‹historical fact that such and such was thought and believed› but should clarify the meaning and truthclaims of what was thought and believed from a modern critical perspective.»[126]

Im weiteren Bereich dieser Tradition steht auch John W. Rogerson, der eine knappe Theologie des Alten Testaments vorgelegt hat, die beinahe ausschliesslich dieser zweitgenannten Fragestellung («what it means») gewidmet ist:

«*A Theology of the Old Testament* is a work which, to paraphrase Bultmann, will use the resources of historical criticism in the service of the interpretation of Old Testament texts, on the assumption that they have something to say to the present.»[127]

Das Biblical Theology Movement hat sich allerdings Anfang der siebziger Jahre des letzten Jahrhunderts vor allem unter dem Einfluss der Publikationen von Brevard S. Childs stark zu Arbeitsweisen des «canonical approach» entwickelt,[128] die über die Betonung der Letztgestalt der biblischen Texte und deren supponierter Normativität dann aber eine neue, eigene Agenda verfolgten.

Das «Biblical Theology Movement» ging mit seinen Anliegen weit über die von Eichrodt gesetzten Impulse hinaus. Eichrodt wollte die Subdisziplin «Theologie des Alten Testaments» innerhalb der alttestamentlichen Wissenschaft wieder beleben und ihr zu einem eigenständigen Recht verhelfen. Das «Biblical Theology Movement» stand in der Sache näher bei Gablers Forderung nach einer eigenen Disziplin einer Biblischen Theologie, die das historische Zeugnis der Bibel auf seine heutige Relevanz und Normativität hin befragt. In theologischer Hinsicht steht dahinter die Überzeugung, dass die Bibelwissenschaft nicht nur für die historische Deskription zuständig ist, sondern auch für die Applikation der biblischen Texte auf gegenwärtige Kontexte. Ob das eine im Rahmen der Disziplinenaufteilung der gesamten Theologie sinnvolle, zusätzliche Aufgabenstellung der Bibelwissenschaft ist, bleibe hier dahingestellt.[129]

---

126 Collins, Encounters, S. 18.
127 Rogerson, Theology, S. 12.
128 Childs selber schloss kritisch an das von ihm als in Auflösung befindlich charakterisierte Biblical Theology Movement an, s. Childs, Theology. Vgl. zu Childs Krauter, Programm.
129 Vgl. u. S. 120–123.

VII **Die Pluralisierung der Theologie des Alten Testaments im Gefolge ihrer Historisierung**

1. Die faktische Identifizierung von Theologie und Literatur- bzw. Religionsgeschichte im heilsgeschichtlichen Paradigma

In die deutschsprachige Forschungssituation der Nachkriegszeit hinein schrieb Gerhard von Rad seine epochemachende *Theologie des Alten Testaments* (1957/1960), für dic cr dic Nacherzählung des Alten Testaments als einzig legitime Option ansah.[130] Das ist eine zunächst erstaunliche Entscheidung, wenn man einerseits die Vorgängerwerke in dieser Disziplin von Eichrodt und Köhler ansieht und andererseits die Anlage des damals massgeblichen Standardwerks der Nachbardisziplin, Rudolf Bultmanns *Theologie des Neuen Testaments*, bedenkt, das die Theologie von der Anthropologie her entworfen hatte.

Doch offenbar liess sich von Rad von Gattungsvorgaben für eine Theologie weder aus der eigenen noch aus der Nachbardisziplin beeindrucken. Entscheidend waren vielmehr seine Erkenntnisse über die sachliche Eigenart des Alten Testaments, die sich ihm damals als besonders kennzeichnend herausgestellt hatten. Von Rads eigener Auskunft nach sind die wichtigsten Veränderungen der Disziplin seit Köhler und Eichrodt darin zu sehen, dass die alttestamentliche Wissenschaft einerseits im Gefolge der Gattungsforschung Gunkels «vor allem auf sehr alte Bekenntnisformeln stieß» – von Rad verwies so auf Ergebnisse seiner Studie zum «formgeschichtlichen Problem des Hexateuch» von 1938 –, die belegen, dass das Thema der Geschichte zum historischen Nukleus des Alten Testaments gehört. Andererseits hat – und hier zollte von Rad seinem Kollegen Martin Noth Respekt – die «Überlieferungsgeschichte [...] in den drei Riesenwerken – Hexateuch, Deuteronomistisches Geschichtswerk und Chronistisches Geschichtswerk – die verschiedensten Formen der Darstellung der Geschichte Gottes mit Israel in ihrer Schichtung neu sehen gelehrt und hat deutlich gemacht, wie Israel zu allen Zeiten damit beschäftigt war, seine Geschichte von bestimmten Eingriffen Gottes her zu verstehen und wie sich diese Setzungen Gottes jeder Zeit wieder anders darstellten».[131]

Beide Veränderungen führen zur Betonung des Themas der Geschichte in der Theologie des Alten Testaments und zur strukturellen Entscheidung, dass eine solche Theologie im Modus der Nacherzählung zu gestalten sei. Von

---

130 Von Rad, Theologie, Bd. 1, S.126. Vgl. die vorauslaufenden methodischen Überlegungen in: Von Rad, Grundprobleme; Von Rad, Vorarbeiten.
131 Von Rad, Theologie, Bd. 1, S. 7.

Rad grenzt dabei die Theologie deutlich vom Programm einer Religions-geschichte des antiken Israel ab:

«Die eigentlich theologische Aufgabe am Alten Testament deckt sich nicht mit dieser allgemein religionswissenschaftlichen, sie ist auch viel begrenzter. Der Gegenstand, um den sich die Theologie bemüht, ist ja nicht die geistig-religiöse Welt Israels und seine seelische Verfassung, auch nicht seine Glaubenswelt, wel-ches alles nur auf dem Weg von Rückschlüssen aus seinen Dokumenten erhoben werden kann – sondern nur das, was Israel selbst von Jahwe direkt ausgesagt hat». Diese Aussagen «beschränken sich darauf, das Verhältnis Jahwes zu Israel und zur Welt eigentlich nur in einer Hinsicht darzustellen, nämlich als ein fortgesetz-tes göttliches Wirken in der Geschichte. Damit ist gesagt, daß der Glaube Israels grundsätzlich geschichtstheologisch fundiert ist.»[132]

Man kann nicht sagen, dass sich von Rad wirklich an sein eigenes, enges Verständnis von «Theologie des Alten Testaments» bei deren Abfassung gehalten hat. Tatsächlich behandelt er die alttestamentlichen Schriften und er-kennt in ihnen verschiedene Formen von Theologie. Von Rad spricht von der «theologische[n] Welt des Jeremia» (II, 203), und die Propheten gehen «ganz neue theologische Wege» (II, 198). Jeder Zeit war es als Aufgabe gegeben, das Grundcredo «in der ihr gemäßen theologischen Form auszusprechen» (I, 304).[133] Nach seinem Programm käme als Gegenstand einer «Theologie» aber gerade nicht die «theologische Welt» des Jeremia in Frage, sondern «was Israel selbst von Jahwe direkt ausgesagt hat». Von Rad baut hier eine Differenz auf, die, wie Friedrich Baumgärtel m. E. zu Recht erfasst hat, keine wirkliche ist:

«Das Problem, um das es in ihr [sc. der Theologie] geht, ist nach v. R. das fol-gende. Auf der einen Seite steht das Bild, das die historische-kritische Wissen-schaft vom Ablauf der Geschichte Israels und von seiner geistig-religiösen Welt und von seiner Glaubenswelt entwirft – eine Arbeit, die auch der Nichttheologe leisten kann. Dieser Aspekt bleibt in der Religionsgeschichte stecken. Gegen diese von der ratio aufgerichtete Geschichtswelt steht das Bild, das der Glaube Israels von dem ‹fortgesetzten göttlichen Wirken in der Geschichte› (I 112) bezeugt hat, womit der Glaube Israels ‹grundsätzlich geschichtstheologisch fundiert ist› (ebenda). In die-sem Bild begegnen nicht die von der historisch-kritischen Forschung festgestellten historischen Fakten, vielmehr handelt es sich hier um Fakten, ‹die von dem Glauben Israels gemeint› sind (ebenda). In diesem Auseinanderklaffen sieht v. R. die heu-

---

132 Von Rad, Theologie, Bd. 1, S. 111f, vgl. S. 117.
133 Vgl. Baumgärtel, Theologie.

tige schwere Belastung der Bibelwissenschaft: es handelt sich um ‹ganz verschiedene Geistesbeschäftigungen›. Die eine ist [eine] rational-historische Methode, die andere ist ‹bekenntnismäßig, persönlich an den Geschehnissen beteiligt›, Israel redet nur ‹im Pathos des Rühmens und der Reue von seiner Geschichte›, die historische Wissenschaft ‹kann das Phänomen dieses Glaubens nicht erklären› (I 113f.).»[134]

Für Baumgärtel ist dieses «Auseinanderklaffen» zwischen der historisch rekonstruierbaren Glaubenswelt Israels und dem Glaubenszeugnis Israels von Gottes Geschichtswirken ein Scheinproblem.

«Dazu ist zu sagen: hier klafft gar nichts auseinander, jedenfalls für die kritische Bibelwissenschaft heute nicht. Daß das Bild, das Israels Glaube von der Geschichte bekennend entwirft, den wirklichen historischen Vorgängen oft nicht entspricht, ist ein Ergebnis der kritischen Forschung. Diese müht sich aber nicht um die Erfassung des wirklichen geschichtlichen Ablaufs, sondern genau so um die Darstellung des Bildes, das Israel selbst von seiner Geschichte (Heilsgeschichte) gehabt hat [...]. Dieses Bild ist nämlich auch ein Stück Geschichte [...] und es ist mit historisch-kritischen Mitteln zu untersuchen und darzustellen.»[135]

De facto lief von Rads Programm mit dieser in der Tat unscharfen Unterscheidung zwischen Glaubenswelt und Glaubenszeugnis konsequent auf eine Identifizierung von Literaturgeschichte und Theologie hinaus, wie etwa Zimmerli – ohne kritische Absicht – feststellen konnte:

«Was zuvor ‹Literatur›, vielleicht ‹religiöse Literatur› war, was unter Gunkels Frage nach dem Sitz im Leben stärker zu leben begann und als munter oder gar listig am Zeltfeuer erzählte Sage oder auch in frommer Stimmung berichtete Heiligtumslegende verstanden werden konnte, gewann die Qualität der bekenntnishaften Äußerung Israels, in der sich Glaube und unmittelbare Existenz des Jahwevolkes aussprechen.»[136]

Am schärfsten beschrieb wohl Carl A. Keller das Problem:

«Im Grunde ist v. Rads Buch keine Theologie, sondern eine Einleitung».[137]

---

134 Baumgärtel, Theologie, S.803f.
135 Baumgärtel, Theologie, S.804. Vgl. auch S.805: «Mit einem Wort: die aus Glauben geschehende ‹bekenntnismäßige Geschichtsdarstellung› ist ein Teil der Religionsgeschichte Israels und unterliegt als solche den heutigen historisch-kritischen Forschungsmethoden.»
136 Zimmerli, Traditionsgeschichte, S.632. Zimmerli bewunderte von Rads Theologie, fragte aber doch an, ob eine Theologie des Alten Testaments nicht stärker (Zimmerli, Rez. von Rad, S.105) systematisieren müsse, so wie er es dann in seinem eigenen Entwurf (Zimmerli, Grundriss) tat.
137 Keller, Rez. von Rad, S.308.

Interessanterweise kann sich dieses Urteil sogar auf eine Selbstaussage von Rads im Vorwort des ersten Bandes seiner Theologie aus dem Jahr 1957 berufen:

«Charakteristisch für die heutige Situation ist nach meiner Meinung die überraschende Annäherung, ja gegenseitige Überschneidung von Einleitungswissenschaft und biblischer Theologie, die sich in der Forschung der letzten 20 bis 30 Jahre vollzogen hat».[138]

In der Tat wird man sagen dürfen, dass Gerhard von Rads *Theologie des Alten Testaments* vieles, aber nicht genregerecht ist. Was den Theologiebegriff angeht, so hat er diesen programmatisch auf das direkte Glaubenszeugnis Israels vom Wirken Gottes in der Geschichte enggeführt, de facto dann aber ohne methodische Erklärung auf die historisch realisierten Ausgestaltungen dieses Glaubenszeugnisses ausgedehnt. Damit standen Tür und Tor offen, «Theologie» in historisch-deskriptiver Weise für die Beschreibung bestimmter inhaltlicher Positionen religiöser Texte zu verwenden. Von Rad hat diese Pluralisierung der Theologien selber durchaus gesehen, aber nur ausserhalb seiner *Theologie des Alten Testaments* thematisiert:

«Dieser Tatbestand der ruhelosen Aktualisierung geschichtlicher Heilsfakten mit der Folge, daß sich jede Generation aufs neue auf eine Erfüllung hin in Marsch gesetzt sah, steht im Alten Testament derart im Vordergrund, daß sich ihm eine ‹Theologie des Alten Testaments› anpassen muß. Das wird sich freilich zunächst im Sinne eines Abbaus mancher bisheriger Vorstellungen auswirken. Problematisch wird uns unter diesem Aspekt die Vorstellung von der Einheit des Alten Testaments insofern, weil das Alte Testament nicht nur eine, sondern eine Anzahl Theologien enthält, die sowohl in ihrer Struktur wie in der Art ihrer Argumentation weit voneinander divergieren.»[139]

Von Rads unklare Unterscheidung von Glaubensgeschichte – dreissig Jahre vor oder nach ihm hätte man von Religionsgeschichte gesprochen – und Glaubenszeugnis sowie die Pluralisierung der Theologie hatten weitreichende Folgen: Mit dieser Zugangsweise wurde die Legitimation der Disziplin «Theologie des Alten Testaments» – in gewisser Analogie zu den Entwicklungen am Ende des 19. Jh. – als eigenständige Fragestellung innerhalb der alttestamentlichen Wissenschaft sachlich wieder fraglich.[140]

---

138 Von Rad, Theologie, Bd. 1, S. 7.
139 Rad, Fragen, S. 293f, vgl. zu diesem Zitat auch Spieckermann, Theologie; Gertz, Grundinformation, S. 598 Anm. 17.
140 Eine Spätfolge von von Rads Neubestimmung des Theologiebegriffs findet sich bei Fischer,

2. Der Vorschlag der Ersetzung der Theologie des Alten Testaments durch die religionsgeschichtliche Fragestellung

Es ist nur in der Folge der *Theologie des Alten Testaments* von Rads zu verstehen, dass Rainer Albertz 1992 in seiner *Religionsgeschichte Israels in alttestamentlicher Zeit* die Auffassung vertrat, die «Religionsgeschichte» sei «die sinnvollere zusammenfassende alttestamentliche Disziplin» als die «Theologie».[141] Er benennt dazu u. a. folgende Vorteile: Eine «Religionsgeschichte» entspreche der «geschichtlichen Struktur weiter Teile des Alten Testaments» besser, mache «Ernst [...] mit der Einsicht, daß sich seine religiösen Aussagen nicht von dem geschichtlichen Hintergrund trennen lassen, aus dem sie stammen», verfalle nicht dem Zwang, unterschiedliche religiöse Aussagen «auf einer gedanklichen Abstraktionsebene zu nivellieren» und müsse keinen «Absolutheitsanspruch» vertreten.[142]

Allerdings stellt Albertz' eigener Entwurf in mehrfacher Hinsicht eine Vermischung unterschiedlicher Zugangsweisen zum Alten Testament dar.[143] Zwar bietet Albertz *auch* eine Religionsgeschichte, doch bezieht er sich für sie vor allem auf das Alte Testament, von dem her er sich sowohl die Themen Unterscheidung von privater und offizieller, lokaler und familiärer Religion in seine Gliederung miteinbezieht.[144] Wie anders eine Religionsgeschichte Israels aussehen würde, die sich nicht primär auf biblische Zeugnisse und Themen stützt, zeigt das gleichzeitig erschienene Buch von Othmar Keel und Christoph Uehlinger.[145] Deshalb ist Albertz' Buch im Grunde genommen ebenso eine Literaturgeschichte wie eine Theologiegeschichte des Alten Testaments.[146] Darüber hinaus aber integriert Albertz offenkundig auch Elemente eines «engagierten» Umgangs mit der Bibel in seine Religionsgeschichte. So moniert etwa John W. Rogerson in Albertz' Darstellung Überschriftentypen wie «Jahwe, der Gott der Befreiung», «El und Jahwe als antiherrschaftliche

---

Theologien, der in seinem Buch «Theologien des Alten Testaments» das alttestamentliche Reden von Gott in seiner Vielfalt präsentiert (vgl. S. 13 und 282).

141 Albertz, Religionsgeschichte 1, S. 37. Damit wird in der Sache ein Postulat Gunkels aufgenommen, vgl. o. S. 35, Anm. 88. Vgl. zur Geschichte der religionsgeschichtlichen Fragestellung Zwickel, Religionsgeschichte, S. 9–15.

142 Albertz, Religionsgeschichte, S. 37f. Albertz nennt weitere kirchen- und ökumenepolitische Aspekte, die das verhandelte Sachproblem aber nicht berühren.

143 Vgl. auch die Bemerkungen bei Keel, Religionsgeschichte, S. 100f. mit Anm. 13.

144 Albertz, Religionsgeschichte, S. 38–43.

145 Keel/Uehlinger, Göttinnen. Siehe auch, biblische und archäologische Quellen integrierend, Keel, Geschichte.

146 S. Keel, Religionsgeschichte, S. 100; Lemche, Theologie, S. 88 («Mentalitätsgeschichte»). Vgl. zur literatur- und theologiegeschichtlichen Fragestellung Schmid, Literaturgeschichte.

Symbole», «[d]ie prophetischen Oppositionsgruppen und die Jehu-Revolution», «[d]ie prophetische Total-Opposition», die den religionsgeschichtlichen Zugang offenkundig sprengen.[147]

Die Diskussion nach Albertz hat gezeigt, dass das Ersetzungsmodell nicht zureichend ist,[148] doch damit war die Frage nach der Bestimmung des Theologiebegriffs in der alttestamentlichen Wissenschaft noch nicht gelöst.

3. Gegenwärtige Unklarheiten

Die gegenwärtigen Fragen und Unklarheiten um Theologie im Alten Testament und Theologie des Alten Testaments sind nicht zu verstehen ohne einen Blick auf die Situation der Geisteswissenschaften im Bereich der deutschsprachigen Universitätslandschaft insgesamt. Der Theologie kam bis in das 20. Jh. hinein die Funktion einer Leitwissenschaft für die Geisteswissenschaften zu. Die wesentlichen Fragestellungen und Methoden, aber auch die massgeblichen Forschungsparadigmen wurden von der Theologie vorgegeben, man denke nur etwa an die fächerübergreifende Bedeutung der Hermeneutik von Friedrich Schleiermacher über Wilhelm Dilthey bis hin zu Hans-Georg Gadamer.[149] Gleichzeitig genossen die Geisteswissenschaften eine hervorgehobene Stellung im Blick auf die öffentliche Wahrnehmung der Universität.

Seit der zweiten Hälfte des 20. Jh. haben sich diese Funktionen abgeschwächt und teilweise auch aufgelöst. Motiviert nicht zuletzt durch die rasanten technologischen Fortschritte in den fünfziger und sechziger Jahren des letzten Jahrhunderts, die vor allem auch den lebensweltlichen Alltag grundlegend veränderten, gewannen die Naturwissenschaften an Bedeutung und begannen gleichzeitig auch, die Geisteswissenschaften in grundsätzlicher Weise zu beeinflussen. Ein gutes Indiz der Bedeutung dieser Veränderungen ist die Diskussion um Charles Percy Snows These der «zwei Kulturen» (1959) der Geistes- und Naturwissenschaften, die weitgehend unvermittelt nebeneinander bestünden.[150] Zwei Jahrzehnte später kann dann Habermas von einer «Kolonialisierung der Lebenswelt» durch die exakten Wissenschaften sprechen.[151] Ein weiteres Indiz findet sich im Aufstieg der empirisch arbeitenden Sozialwissenschaften, die sich wissenschaftsphilosophisch und -

147 Vgl. Rogerson, Religion, S. 282.
148 Vgl. z. B. Hermisson, Theologie sowie die Diskussion in JBTh 10 (1995).
149 Vgl. im Überblick Grondin, Einführung; Körtner, Einführung.
150 Vgl. Snow, Cultures; s. auch Kreuzer, Kulturen.
151 Habermas, Theorie.

organisatorisch mehr und mehr von den Geisteswissenschaften abzugrenzen beginnen.

Im Blick auf die alttestamentliche Wissenschaft sind diese Entwicklungen zumindest mittelbar relevant: Theologie und Hermeneutik des Alten Testaments sind keine Frageperspektiven, die in der derzeitigen Forschungssituation im Vordergrund stehen. Vielmehr bemüht sich die alttestamentliche Wissenschaft vorrangig um religionsgeschichtliche, literaturgeschichtliche und sozialgeschichtliche Klärungen in Bezug auf ihren Gegenstand.

Alle diese Fragestellungen sind selbstredend interessant und die Beschäftigung mit ihnen hat den Kenntnisstand um das Alte Testament in den letzten Jahren entscheidend erweitert.

Doch der gelegentlich mit den Begriffen «Versozialwissenschaftlichung» und «Verkulturwissenschaftlichung» beschriebene Prozess in den Geisteswissenschaften hat die alttestamentliche Wissenschaft damit auch von inhaltlichen Fragen entfernt, die traditionellerweise in ihr Zentrum gehörten, auch wenn sie bisweilen in kerygmatischer Überhöhung angegangen worden sind.

Die gegenwärtig – trotz aller inhaltlicher Unklarheiten – immer noch vergleichsweise starke wissenschaftsorganisatorische Verankerung der Frage nach einer oder mehreren «Theologien» des Alten Testaments hält diese Inhaltsbezogenheit der alttestamentlichen Wissenschaft wach. Gleichzeitig aber ist auch die Notwendigkeit gewachsen, «theologische» Fragen nicht unter dem Niveau der historischen Analyse anzugehen.[152] Dann aber führt an der Kenntnisnahme der Pluralisierung der «Theologie» des Alten Testaments kein Weg mehr vorbei, sie ist eine direkte Folge ihrer Historisierung. Hand in Hand damit geht die Erkenntnis, dass auch ausserbiblische Texte – folgt man jedenfalls den begriffsgeschichtlichen Entwicklungen der letzten zweihundert Jahre – «Theologien» enthalten oder formulieren können, dass also «theologische» Fragestellungen sinnvollerweise nicht auf Schriften des nachmaligen Kanons begrenzt werden können.

Die in diesem letzten Passus getroffene Entscheidung, «Theologie» bzw. «theologisch» in Anführungszeichen zu setzen, weist allerdings auf die wichtige Aufgabe hin, diesen Begriff in Anwendung auf entsprechende Qualitäten biblischer Texte näher zu erläutern. Dies soll nun im Folgenden unternommen werden.

---

152 Vgl. besonders Collins, Theology, S. 15; s. auch Krüger, Wahrheit.

C Die Entstehung von Theologie in der alttestamentlichen und frühjüdischen Literatur als religionsgeschichtliche Fragestellung

I Die Frage nach Theologisierungsprozessen in der alttestamentlichen und frühjüdischen Überlieferung

1. Der Weg zur Theologie

Der voranstehende forschungsgeschichtliche Durchgang zu den Bedeutungs-aspekten des Theologiebegriffs hat zunächst einmal in negativer Hinsicht deutlich gemacht, dass es «Theologie» im Bedeutungshorizont des Begriffes, der sich seit der Scholastik etabliert hat, im Alten Testament nicht gibt. Oder anders gesagt: Die Redeweise von Theologie im Alten Testament ist ein «Anachronismus»[1]. Auch wenn die Situation in der neutestamentlichen Literatur nicht grundlegend anders ist, so sind dort doch zumindest Anfänge einer Veränderung der Perspektivierungen zu verzeichnen: «In dreifacher Weise kennt das NT Aussagen, die wie eine Wesensbestimmung Gottes anmuten: ‹Gott ist Geist› Joh 4,24; ‹Gott ist Licht› 1.Joh 1,5; ‹Gott ist Liebe› 1.Joh 4,8. Das AT kennt keine ähnliche Aussage.»[2] Ohne damit eine Wertung zu verbinden, scheint die neutestamentliche Literatur neue Sprachformen und Genres entwickelt zu haben, die sie im Blick auf dasjenige, was man später als «Theologie» bezeichnet, von den alttestamentlichen unterscheidet.

So naheliegend der Schluss in der Folge auch liegen könnte, auf den Theologiebegriff in Anwendung auf alttestamentliche Texte zu verzichten, so problematisch ist diese Option allerdings auch. Denn das Alte Testament *enthält zwar keine Theologie*, es enthält aber gleichzeitig *auch nicht einfach keine Theologie*. Man kann diesen Umstand auf unterschiedliche Weise genauer zu benennen versuchen. Eine der vielleicht passendsten Formulierungen stammt von Christoph Levin, der vom «Weg des Alten Testaments zu seiner Theologie» gesprochen hat.[3] Rudolf Smend zögerte zwar in seinem epochemachenden Aufsatz zur «Theologie im Alten Testament», den Theologiebegriff auf das Alte Testament selbst anzuwenden, er fand es jedoch angemessen, bei den alttestamentlichen Texten «zumindest von einer starken

---

1 Ebeling, Studium, S.32; vgl. auch bereits von Rad, Fragen, S.294.
2 Köhler, Theologie, S.2.
3 Levin, Weg.

Annäherung an Theologie» zu sprechen.[4] Norbert Lohfink schien ebenfalls zurückhaltend zu sein und fasste den uneindeutigen Befund wie folgt zusammen: «Die Textsorte ‹Theologische Abhandlung› ist erst später und in anderen Kulturzusammenhängen entstanden. Die alttestamentlichen Texte gehören ihr gattungsmäßig *nicht* an. Daher kommt ‹Theologie› in ihnen nur implizit, indirekt oder zugeschnitten zur Sprache.»[5] Doch der zuletzt zitierte Satz weist eine verfolgenswerte Perspektive auf.

2. Die Unterscheidung von impliziter und expliziter Theologie

In der Tat scheint die Unterscheidung von *impliziter* und *expliziter* Theologie im Blick auf das Alte Testament hilfreich zu sein, auch wenn man sogleich einwenden mag, der Ausdruck «implizite Theologie» sei eine *contradictio in adjecto*.[6] Doch würde dies nur für einen sehr streng gefassten Theologiebegriff gelten, den man in der heutigen Diskussion so kaum mehrheitsfähig verwenden könnte.[7] Die durch die Wirkungsgeschichte etablierte Breite des Theologiebegriffs erlaubt vielmehr die paradoxe Formulierung, das Alte Testament enthalte *weder* Theologie *noch* keine Theologie. Im Rahmen seiner altorientalischen Umwelt ist das Alte Testament ein einzigartiges Traditionskorpus, dessen Eigenart eben gerade in seinem schriftgelehrten Auslegungscharakter erblickt werden kann.[8] Das Alte Testament ist insofern auf weite Strecken hin als reflektierende Interpretation vorgegebener religiöser Texte anzusehen, und erfüllt damit – jedenfalls für diese Interpretationspassagen – eine Grundanforderung von «Theologie», wenn man darunter die reflexive Auseinandersetzung mit und Interpretation von religiösen Beständen versteht.

Nur ist hier gleichzeitig auf eine fundamentale Differenz zum Phänomen «Theologie» hinzuweisen, wie es sich im christlichen Bereich dann in begrifflich fixierter Weise ausgebildet hat: «Theologie» ist dort grundsätzlich philosophisch oder zumindest von einer Affinität zur Philosophie geprägt. Sie sucht die Nähe zur Philosophie und formuliert so etwas wie die Wahrheitsfrage.

---

4 Smend, Theologie, S. 117.
5 Lohfink, Wissenschaft, S. 15.
6 Duhm konnte bei Hosea selbst so etwas wie eine «primitive Theologie» erkennen, «eine wirklich so zu nennende Theologie» liess er aber erst im Bereich der Nachwirkungen Hoseas zu – im Deuteronomium und dessen literaturgeschichtlichen Nachfolgern (Duhm, Ziel, S. 7).
7 Vgl. dazu auch Keel, Religionsgeschichte, S. 92–95.
8 Vgl. von Rad, Fragen, S. 293.

Insofern ist für das traditionelle Projekt einer Theologie des Alten Testaments – wo es verfolgt wird – ein doppelter Theologiebegriff zu unterscheiden. Er ergibt sich schon aus dem Doppelsinn dieser Genetivverbindung als *genetivus subjectivus* oder *objectivus*.[9] Theologie des Alten Testaments lässt sich entweder als *genetivus subjectivus* auffassen und meint dann die Theologie, die das Alte Testament selbst enthält. Oder aber man interpretiert ihn als *genetivus objectivus* und versteht darunter die Theologie, die sich aus dem Alten Testament ergibt. Die erste Form von Theologie kann mit Lohfink in der Tat nur als implizite Theologie beschrieben werden, aber es bleibt gleichwohl ratsam, bei der Beschreibung der entsprechenden Phänomene auf den Theologiebegriff nicht zu verzichten,[10] wenn man den Reflexionscharakter als konstitutives Merkmal von Theologie ansieht. Solche Formen von impliziter Theologie können auch unterschiedliche Grade anfänglichen Explizierens einschliessen.

Theologie des Alten Testaments im Sinne eines *genetivus objectivus* allerdings kann es nur als ein von aussen an das Alte Testament herangetragenes Unterfangen geben, was es aber keineswegs zu einem illegitimen Projekt macht. Auch eine Grammatik der hebräischen Sprache wird nicht von dieser selbst, sondern von aussen her entwickelt, stellt aber selbstredend ein legitimes wissenschaftliches Unterfangen dar. Allerdings entsteht innerhalb eines solchen Zugangs von aussen die Notwendigkeit, die jeweilige Perspektive, aus der nach einer Theologie des Alten Testaments gefragt wird, zu benennen. Im Rahmen der vorliegenden Studie ist dieser Weg allerdings nun nicht weiter zu verfolgen, hier interessiert im Wesentlichen die «implizite Theologie» des Alten Testaments selbst in ihren unterschiedlichen Spielarten.

Die Redeweise von «impliziter» Theologie ist kein Neologismus, sondern kann sich auf eine hehre Tradition, zumindest im 20. Jh., berufen. Sie findet sich bereits bei Bultmann – hier auf das Neue Testament bezogen: «Die Wissenschaft von der Neutestamentlichen Theologie hat die Aufgabe, die Theologie des NT, d.h. *die theologischen Gedanken der neutest. Schriften* darzustellen und zwar sowohl die explizit entwickelten (wie z.B. die Lehre des Paulus vom Gesetz), wie diejenigen, die implizit in Erzählung oder Mahnung, in Polemik oder Tröstung wirksam sind».[11] Eine diese Unterscheidung noch besser illustrierende Formulierung findet sich sogleich im Folgekontext:

---

9 Vgl. zu dieser Unterscheidung den hierfür nachgerade klassisch gewordenen Aufsatz von Ebeling, Biblische Theologie.
10 Vgl. Smend, Theologie; Fishbane, Interpretation; Kratz, Theologie; Schmid, Schriftauslegung.
11 Bultmann, Theologie, S. 585 (Hervorhebung im Original gesperrt).

«*Theologische Sätze [...]* können nie *Gegenstand* des Glaubens sein, sondern nur die *Explikation* des in ihm selbst angelegten Verstehens.»[12] Implizite Theologie bezeichnet also bei Bultmann im Blick auf die Bibel das in deren Texten angelegte Verstehen, was ein entsprechendes Reflexionspotential in ihnen voraussetzt, das ihre Qualität jedenfalls nicht einfach untheologisch sein lässt. Der Grund dafür, dass Bultmann den Theologiebegriff nicht einfach von der Bibel fernhalten will, besteht in der bewussten Entscheidung für ein nicht ausschliesslich intellektuell, sondern eben auch existenziell geprägtes Theologieverständnis, wie es sich theologiegeschichtlich bis in die Reformation zurückverfolgen lässt. So erklärt Bultmann in seiner *Theologie*: «Die in diesem Buche gegebene Darstellung der neutest. Theologie steht einerseits in der Tradition der historisch-kritischen und religionsgeschichtlichen Forschung und sucht andrerseits deren Fehler zu vermeiden, der in der Zerreißung von Denk- und Lebensakt und daher in der Verkennung des Sinnes theologischer Aussagen besteht» (S. 599f.). Deshalb fordert Bultmann, dass die Bibelwissenschaft sich nicht nur um «Rekonstruktion», sondern auch «Interpretation» (S. 600) zu bemühen habe, wobei für ihn gilt: «Es gibt freilich nicht das eine ohne das andere, und beides steht stets in Wechselwirkung.» (S. 600)[13]

Die von Bultmann allerdings auch nicht programmatisch verwendete Redeweise von «impliziter Theologie» hat nach ihm keine Schule gemacht. Es scheint, dass spätere Verwendungen des Begriffs nicht spezifisch auf Bultmann zurückgreifen, sondern eigenständige Prägungen darstellen. So hat etwa Jan Assmann im Blick auf ausserbiblische, in seinem Fall ägyptische Texte die Unterscheidung von «impliziter» und «expliziter» Theologie verwendet,[14] um mit der «impliziten» Theologie eine Begrifflichkeit zur Verfügung zu haben, die den ägyptischen Texten gerecht werden kann. Assmann denkt bei dieser Unterscheidung natürlich nicht an einen polaren Gegensatz, sondern rechnet mit verschiedenen Explikationsgraden von Theologie. Allerdings ist für ihn die einfachste Form impliziter Theologie in jeder Religion gegenwärtig, sie verhält sich zu dieser wie die Grammatik zur Sprache.[15] Möglicherweise ist diese Bestimmung allerdings etwas zu allgemein gefasst.

---

12 Bultmann, Theologie, S. 586.
13 Vgl. im Blick auf die heutige Situation auch die Überlegungen bei Schmid, Historisch-Kritische.
14 Assmann, Ägypten, S. 21–23, 192f. Vgl. die Aufnahmen z. B. bei Keel, Religionsgeschichte, S. 93; Sundermeier, Religionswissenschaft, S. 198f; Seybold, Poetik, S. 290 (in Anlehnung an Ritschl, Logik); Markschies, Theologie, S. 14.
15 Assmann, Politische Theologie, S. 25.

Im Blick auf diesen Sachverhalt empfiehlt es sich eher, zu der von Dietrich Ritschl vorgeschlagenen Kategorie der «impliziten Axiome» zu greifen.[16] Assmann verweist nicht explizit auf Bultmanns Terminologie zurück. In der Sache ist die prominente, selbst im Buchtitel verankerte Verwendung des Theologiebegriffs bei Assmann auch eher durch von Rad inspiriert, dessen Entscheidung für eine narrative Darstellung der Theologie des Alten Testaments in der Sache den Weg für die Anwendung des Begriffs auch auf andere antike Texte geöffnet hatte.[17]

Die Redeweise von «impliziter Theologie» findet sich etwa auch bei Günter Stemberger in Anwendung auf SifrDtn, wobei Stemberger weder auf Bultmann noch auf Assmann verweist.[18] Diese Begriffsbildung schien sich im Blick auf unterschiedliche antike Textphänomene zu empfehlen und ist entsprechend verschiedentlich geformt und angewendet worden.

Im englischen Sprachraum scheint die Unterscheidung von «implicit» und «explicit» mit Blick auf «theology» wenig geläufig zu sein.[19] Dafür können in entsprechender Weise das Adjektiv «theological» und das Substantiv «theology» voneinander unterschieden werden: James Barr hat etwa im Blick auf die Frage nach Theologie in der Bibel in Auseinandersetzung mit Hans Hübner vorgeschlagen, die Bibel zwar als «theologisch» («theological») zu qualifizieren, aber bei ihren Texten selbst nicht von «Theologie» («theology») zu sprechen.[20]

Im Folgenden wird «implizite Theologie» gegenüber Assmann etwas bestimmter gefasst als die rekonstruierbare «Grammatik» religionsgeschichtlicher Befunde. Theologisierungsprozesse, auch wenn sie zunächst nur die Herausbildung «impliziter Theologie» betreffen, zeichnen sich durch eine gewisse reflexive Haltung in Blick auf vorgegebene Texte und Positionen aus. Im Rahmen innerbiblischer Fortschreibungen werden dabei in der Regel noch keine neuen Gattungen von Auslegungsliteratur kreiert, sondern die theologisierenden Texte orientieren sich in Form und Inhalt an den Passagen, die sie fortschreiben. Selbst in Fällen, in denen im Zuge theologischer Reflexionsbemühungen neue Schriften entstehen, folgen diese zumeist den

---

16 Ritschl, Logik.
17 Vgl. z.B. Stietencron, Theologen; Berlejung, Theologie. vgl. auch die Fragestellung einer «Theologie der Religionen», vgl. dazu Bernhardt, Literaturbericht.
18 Stemberger, Judaica, S. 497.
19 Vgl. aber immerhin Via, Theology, S. 46.
20 Barr, Concept, S. 498. Ganz ähnlich unterscheidet Keel, Religionsgeschichte, S. 93 Anm. 5 zwischen «theologisch» und «Theologie»: «Die rudimentärste Form von Exegese ist die Beibringung von Parallelstellen [...]. Damit beginnt aber bereits der Prozess der Verknüpfung. Das ist zwar ein theologischer Vorgang, aber noch keine Theologie.»

vorgegebenen Gattungskonventionen (vgl. etwa Priesterschrift oder Chronik). Zunehmende Grade der Explikation lassen sich dann in der Folge in beiden Bereichen – textinterner und textexterner Bibelauslegung – erkennen, die Kanonsgrenze scheint hier keine entscheidende qualitative Rolle zu spielen.

3. Die Entstehung neuer Literaturwerke als Indizien intensivierter theologischer Reflexion

Auch wenn damit der Bereich impliziter Theologie nicht grundsätzlich verlassen wird, so ist an dieser Stelle auf ein besonderes Phänomen in der Literatur- und Theologiegeschichte des Alten Testaments aufmerksam zu machen, welches auf einen höheren Explikationsgrad von Theologie gegenüber der impliziten Theologie in biblischen Texten hinweist: Solange die biblische Literatur in kommentierender Weise *fortgeschrieben* wird, kann es *per definitionem* nicht zur Ausbildung von *Sekundärliteratur* – für Theologie als Reflexionsform eine formal bedeutsame Bestimmung – kommen: Die kommentierenden Passagen schliessen sich an den Primärtext an und sind von diesem textlich nicht unterscheidbar, bleiben also selbst – jedenfalls formal gesehen – Primärliteratur.

Im Rahmen der alttestamentlichen Literatur selbst finden sich nun allerdings einige Vorformen solch externer schriftlicher Reflexionsbildung, die dort erkennbar werden, wo innerhalb des Überlieferungsprozesses nicht bloss vorgegebenes Textgut fortgeschrieben wird, sondern es zu Neueinsätzen der Literaturbildung kommt. Schon dieser Umstand lässt es geraten zu sein, nicht mit einer scharfen Kanonsgrenze zu rechnen, anhand derer sich biblische und postbiblische Literatur qualitativ voneinander unterscheiden liessen.[21]

Solche Neueinsätze lassen sich grundsätzlich an vielen Orten innerhalb der alttestamentlichen Überlieferungsbildung beobachten – jedes Mal, wenn ein neues Buch entsteht. Doch einige Schriften wären von ihrer inhaltlichen Ausrichtung her eigentlich eher als Fortschreibungen zu erwarten gewesen – da sie sich intensiv auf vorgegebene Überlieferung beziehen –, gleichwohl scheinen sie als ursprünglich selbständige Literaturwerke entstanden zu sein. Zu nennen sind in dieser Hinsicht das Deuteronomium, die Priesterschrift, die Deuterojesajaüberlieferung sowie die Chronik (wobei die literarische Selbständigkeit der Priesterschrift sowie der Deuterojesajaüberlieferung auf Rekonstruktionen beruhen), man könnte auch Texte wie das Hiob- oder Koheletbuch hinzufügen. Mit Blick auf deren Inhalte wird aber auch sogleich deutlich, wo die entscheidenden Unterschiede zur späteren nachkanonischen theologischen

---

21 Vgl. Najman, Vitality.

Kommentarliteratur liegen: Ihre Form bleibt im Wesentlichen mit derjenigen der vorgegebenen Literatur verwandt – die Texte bleiben «Primärliteratur». Doch ihre theologischen Akzentuierungen erfordern es offensichtlich, sich vom Traditionsstrom abzusetzen und als eigene Grösse in Erscheinung zu treten. Was das *Deuteronomium* betrifft, so scheint diese Schrift, auch wenn die Sachlage nicht unumstritten ist,[22] ursprünglich als eine eigenständige Schrift entstanden zu sein. Gleichzeitig ist deutlich erkennbar, dass das Deuteronomium das ihm vorgegebene Bundesbuch rezipiert und neu – besonders unter dem Aspekt der Kultzentralisation – auslegt. Im Hintergrund steht auch die Tradition der neuassyrischen Vasallenverträge, die das Deuteronomium aufgreift und nun neu auf das Verhältnis zwischen Gott und Volk anwendet. Das Rechtsfolgeverhältnis des Deuteronomiums zum Bundesbuch lässt sich dabei in Anwendung der königlichen Thronfolge sehen: So wie Assurbanipal auf Asarhaddon folgt, so kommt das Deuteronomium nach dem Bundesbuch.[23]

Ein – historisch gesehen – zweiter Neueinsatz im Bereich der Pentateuchüberlieferung findet sich – wenn man der traditionellen Bestimmung der Priesterschrift als Quelle folgt[24] – in der *Priesterschrift*: Im Rahmen der Überlieferungsbildung im Pentateuch stellt sie eine Besonderheit dar, da sie wahrscheinlich nicht als Fortschreibung vorgegebenen Textguts entstanden ist, sondern als literarisch und konzeptionell eigenständige Grösse verfasst worden ist. Dies gilt auch, wenn man mit Blum die Alternative von Quelle und Redaktion für unsachgemäss hält und die Priesterschrift als literarische Grösse auffasst, die zwar zunächst für sich konzipiert worden ist, dann aber sogleich mit dem nichtpriesterschriftlichen Pentateuch vereinigt worden ist.[25]

Weshalb aber war es nötig gewesen, die Priesterschrift losgelöst von der vorgegebenen Überlieferung als eigenständige Schrift zu konzipieren? Vermutlich waren dafür zwei Sachverhalte ausschlaggebend: Zum einen gilt für die Priesterschrift die aus dem Deuteronomium übernommene Forderung der Kultzentralisation, die die ihr vorgegebene Überlieferung auf die Epoche vor Mose nicht anwendet. Das wird vor allem in der nichtpriesterschriftlichen Genesis deutlich, in der die Vätergestalten in aktiver und legitimatorischer

---

22 Vgl. z.B. Kratz, Ort.

23 Vgl. Levinson/Stackert, Code.

24 Vgl. z.B. Koch, Redaktor, vgl. neuerdings aber die gänzliche bzw. teilweise Infragestellung seitens von Berner, Exoduserzählung, und Wöhrle, Fremdlinge.

25 Im Rahmen der Selbstmodifikation Blums, «KD» nur noch auf Ex–Num/Dtn zu beschränken (Blum, Verbindung), wird diese Option nicht unmöglich, aber etwas schwerer vorstellbar: «KP» folgt dann nicht mehr einfach dem literarischen Aufriss von «KD», sondern versieht «KD» mit einem ausführlichen Vorbau im Sinne einer Proto-Genesis.

Weise mit Heiligtümern in Verbindung gebracht werden, die sich nicht in Jerusalem befinden (Bethel, Sichem, Mamre usw.). Dies scheint für die Priesterschrift nicht akzeptabel gewesen zu sein.

Hinzu kommt, dass die Priesterschrift ein eigenes bundestheologisches Konzept verfolgt, das ebenfalls mit der vorgegebenen Überlieferung nicht einfach vermittelbar war: Die Nichtqualifizierung der Sinaigesetzgebung als Bund und die Vorverlagerung der massgeblichen Verpflichtungsverhältnisse Gottes in die Zeit Noahs und Abrahams erforderten ebenfalls einen literarischen Neueinsatz.

Im Bereich der prophetischen Überlieferung ist die *Deuterojesajaüberlieferung* von besonderer Bedeutung, was ihre Konzipierung als literarisch eigenständige Schrift betrifft. Zwar ist die Bestimmung der literarischen Anfänge jener Prophetie umstritten, die in Jes 40ff. überliefert ist und gemeinhin unter dem Kunstnamen «Deuterojesaja» läuft. Sie ist zu einem bestimmten Zeitpunkt in die Jesajaüberlieferung integriert worden, wobei manche Forscher davon ausgehen, dass sie von vornherein in deren Rahmen entstanden ist,[26] andere rechnen mit einer ersten Entstehung im Rahmen der Jeremiatradition.[27] Doch selbst wenn man mit solcherart vorgegebenen literarischen Horizonten der Entstehung der Deuterojesajaüberlieferung rechnet, so bleibt doch wahrscheinlich, dass sie zumindest in einer gewissen Selbständigkeit verfasst worden ist, wie nur schon das Vorhandensein eines Prologs (40,1–5) und Epilogs (52,7–10), die die mutmassliche Grundschrift in Jes 40–48* rahmen, nahelegen. Jedenfalls sind die Aussagen von Jes 40ff. nicht als Fortschreibungen in den Text von Jes 1–32* eingefügt worden, sondern als eigene – autarke oder semiautarke – Schrift gestaltet worden.

Die Notwendigkeit dazu ist wiederum aus sachlichen Gründen erkennbar: Die Erwählungstraditionen des königszeitlichen Israel und Judas waren durch den Untergang von Nord- und Südreich theologisch annulliert worden, so dass ein neuer Entwurf nötig wurde, der sich nicht mehr sinnvoll als Fortschreibung an bestehendes Textgut anschliessen liess.

Ein letztes hier anzuführendes Beispiel – es gäbe noch weitere – betrifft die *Chronik*. Ihre Datierung ist umstritten, die Ansätze schwanken von der persischen bis in die makkabäische Zeit[28], wobei in redaktionsgeschichtlicher Differenzierung vermutlich diese gesamte Bandbreite ausgeschöpft werden

---

26 Vgl. Clements, Tradition-History; Albertz, Deuterojesaja-Buch.
27 Kratz, Anfang.
28 Vgl. für die Spätdatierung in die Makkabäerzeit Steins, Chronik; für einen Überblick Japhet, Chronik, S. 52–56.

kann.[29] Sie ist der erste und einzige kanonische Vertreter der Gattung *rewritten bible*, die sonst in der Literatur des 2. Jh. v. Chr. gut bezeugt ist (bes. Jubiläenbuch).[30] Auch im Fall der Chronik ist gut erklärbar, weshalb sie als neues literarisches Werk gestaltet werden musste: Ihre theologischen Grundentscheidungen waren im Rahmen einer Überarbeitung oder Fortschreibung von Gen–2Kön nicht erreichbar. Das betrifft namentlich die exklusive Begrenzung des wahren Israel auf Juda (wobei der gesamtisraelitische Fokus im Sinne des Zwölfstämmeideals aufrechterhalten werden soll: Die ehemaligen Nordstämme sind eingeladen, sich Juda und dem Kult in Jerusalem anzuschliessen) und die theokratische Ausrichtung auf die Jerusalemer Kultgemeinde, die sich mit der politischen Ausrichtung der deuteronomistischen Landtheologie in der Vorlage der Vorderen Propheten nicht in Ausgleich bringen liess.

II Die Herausbildung impliziter Theologie in der prophetischen Literatur

Der Entstehungsprozess impliziter Theologie im Alten Testament fällt zwar nicht mit der religionsgeschichtlichen Entwicklung des antiken Israel zusammen, er ist aber ein besonderer Teil derselben und deshalb kann man den Weg des Alten Testaments zu seiner Theologie auch als religionsgeschichtliches Problem begreifen, bezeichnen und beschreiben. Dieser Weg endet allerdings nicht mit dem Abschluss des Alten Testaments, sondern zieht sich weiter in der Literatur des antiken Judentums und Christentums.

Wo sind die Anfänge dieses Wegs zu finden? Eine einfache und eindeutige Antwort ist aus zwei Gründen nicht möglich. Zum einen besteht über die historische Einschätzung der Anfänge der alttestamentlichen Literaturgeschichte kein Einvernehmen, und dies wird mangels empirischer Dokumentationsmöglichkeiten auch so bleiben.[31] Man ist auf Rekonstruktionen angewiesen, die sich auf verschiedenen Wahrscheinlichkeitsebenen bewegen. Zum anderen ist nicht zu erwarten, dass das Aufkommen impliziter Theologie ein literarisch verfolgbarer Prozess ist, dessen Weg sich von bestimmten Literaturbereichen in andere beobachten oder rekonstruieren liesse. Vielmehr dürfte in unterschiedlichen Traditionssträngen implizite Theologie erkennbar werden, was allerdings nicht ausschliesst, dass sich bestimmte Formen davon dann eher als andere durchgesetzt haben.

---

29 Vgl. Kratz, Komposition, S. 97f.
30 Vgl. Segal, Book; Laato/van Ruiten, Bible; Zahn, Rethinking; Segal, Qumran.
31 Vgl. etwa Levin, Testament, S. 27–48.

Gleichwohl ist es sinnvoll, zunächst in textlicher Hinsicht zwei Literaturbereiche besonders hervorzuheben, die eine paradigmatische Rolle in diesem Prozess gespielt zu haben scheinen: die prophetische und die rechtliche Überlieferung, die sich in einer gewissen gegenseitigen Beeinflussung entwickelt haben, da die prophetische Literatur in ihrer – zum Teil bereits anfänglichen, zum Teil erst redaktionell hergestellten – Eigenschaft als normatives Gotteswort schon sehr bald auch rechtliche Sprach- und Redaktionsformen auf sich zog, was umgekehrt nicht ohne Einfluss auf die Rechtsliteratur blieb.

Die Gründe für die besondere Bedeutung dieser Literaturen sind nicht schwer zu benennen. Zunächst zur Prophetie: Nur schon die Sammlung, aber auch die weitere Tradierung der prophetischen Worte, die aus einer bestimmten historischen Situation stammten, über einen längeren geschichtlichen Zeitraum hinweg erforderte natürlicherweise die Herausbildung theologischer Reflexion, Regeln der Adaptation und des Ajourierens vorgegebener Tradition und der Erstellung eines geschichtlich differenzierten Ganzen.[32] Im Bereich der sekundären Passagen der Prophetenliteratur, die Tradition und Zeitbezug in redaktionellen Formulierungen zusammenzudenken versuchten, liegt ein Grund impliziter Theologiebildung im Alten Testament.

Vergleichbares gilt von der alttestamentlichen Rechtsliteratur, die im Bereich des antiken Israel von einem recht frühen Zeitpunkt – von der neuassyrischen Zeit – an als Gottesrecht interpretiert worden ist und entsprechend auch nicht anders als im Modus der adaptierenden und ajourierenden Fortschreibung den sich wandelnden historischen Verhältnissen anzupassen war. Im Blick auf die zeitgenössische und sich parallel entwickelnde Prophetenüberlieferung boten sich die aus der altorientalischen Rechtsüberlieferung bekannten Redaktionstechniken auch für die Anwendung auf die Auslegungsvorgänge innerhalb der prophetischen Literatur an.[33]

Was die Bestimmung der Zeiträume betrifft, in denen sich Theologisierungsvorgänge erstmals beobachten lassen, so ist ebenfalls Vorsicht geboten. Gleichwohl lässt sich sagen, dass dem ausgehenden 8. und besonders dem 7. Jh. v. Chr., das gleichzeitig die Zeit nach dem Untergang des Nordreiches Israel (722 v. Chr.) sowie die Phase der Rezeption neuassyrischer imperialer Ideologie als auch von Nordreichstraditionen in Juda bezeichnet,[34] eine besondere Bedeutung als Initialphase der Entstehung von Theologie im Alten

---

32 Vgl. im Überblick Steck, Prophetenbücher; Steck, Gott.
33 Vgl. z. B. Otto, Techniken.
34 Vgl. Fleming, Legacy.

Testament zukommt.[35] Es ist allerdings schwierig, diese Anfänge in ihrer Bedeutung gegen die Denkbemühungen im Umkreis des Verlusts des ersten Tempels, ab 587 v. Chr., abzuwägen. Denn die Erfahrung der Zerstörung des Jerusalemer Tempels hat zwar de facto zu einer erheblichen Intellektualisierung und Spiritualisierung der Religion des antiken Juda geführt,[36] gleichzeitig war sie – isoliert betrachtet – keineswegs dazu prädestiniert, Theologisierungsvorgänge auszulösen. Zu erwarten wäre eher das Gegenteil gewesen – doch der Vorlauf der theologiegeschichtlichen Entwicklung im Gefolge des Untergangs des Nordreichs brachte es mit sich, dass die Katastrophe Judas nicht im Abbruch, sondern in der Intensivierung theologischer Denkbestrebungen mündete.

Nach diesen Anfängen sind in der Folge besonders die zahlreichen exegetischen Ausgleichsbemühungen der Perserzeit zu nennen, betreffen sie nun die sachliche Ausrichtung der Nicht-Tora-Texte der Bibel an der Tora oder etwa innerprophetische Auslegungsvorgänge. Mit dem entstehenden Judentum in exilischer und nachexilischer Zeit entwickelten sich verschiedene Techniken der Schriftauslegung, die sowohl den Traditions- wie auch den Zeitbezug der entsprechenden Texte berücksichtigten und reflektierten.[37]

Mit der spätkönigszeitlichen Prophetie und Rechtsliteratur beginnt also derjenige intellektuelle Prozess, der zur Herausbildung «impliziter Theologie» bereits im Alten Testament selbst führt, doch die wichtigsten «implizit theologischen» Texte – mit unterschiedlichen «Explikations»-Graden – des Alten Testaments entstehen erst später, in babylonischer, persischer und hellenistischer Zeit,in der Zeit der Anfänge des antiken Judentums. Was dem romantisch geprägten 19. Jh. als Nachteil des exilischen und nachexilischen Judentums erschien – dessen rationalisierende und reflektierende Umgangsweise mit den überkommenen religiösen Traditionen –, erweist sich bei Lichte besehen als die Bedingung der Möglichkeit des Überlebens dieser Traditionen selbst,und zwar nicht in ihrer nicht interpretierten, sondern in

---

35 Diese Bestimmung ist nicht zu verwechseln mit der mancherorts im angelsächsischen Raum vertretenen Position, die alttestamentliche Literatur überhaupt sei in ihren wichtigsten Teilen im 8. und 7. Jh. v. Chr. entstanden (vgl. Finkelstein/Silberman, Bible; Schniedewind, Bible). Nach wie vor ist nur schon aufgrund der durchgehenden, wenn auch bisweilen auf Älteres hin transparenten Prägung des Alten Testaments im Sinne von Monotheismus, Bund und Gesetz deutlich, dass entscheidende Literaturbildungsphasen auch in der babylonischen, persischen und hellenistischen – mithin der nachköniglichen – Zeit angesetzt werden müssen, vgl. im Überblick Levin, Testament; Kratz, Komposition; Schmid, Literaturgeschichte.

36 Vgl. Schmid, Kanon.

37 Vgl. Fishbane, Interpretation; Schmid, Traditionsliteratur.

ihrer interpretierten Form. Es ist kaum zu erwarten, dass Worte des historischen Amos oder Jesaja ohne eine theologische Aufarbeitung sich einer
jahrhundertelangen Tradierung empfohlen hätten. Nur durch die theologische
Nacharbeit in späterer Zeit gewannen die alttestamentlichen Texte jene
Qualität, die sie zeitübergreifend interessant werden liessen.[38]

1. Fortschreibung von Prophetie als Theologisierung

Besondere wissenschaftliche Aufmerksamkeit erfuhr die prophetische Tradition als einer wichtigen Inauguratorin theologischer Reflexion innerhalb der
alttestamentlichen Überlieferung erst seit den Neuerungen der jüngsten
Prophetenforschung,[39] die man seit ca. vierzig Jahren beobachten kann.[40] Erst
mit ihnen wurde den herkömmlicherweise als «unecht» betrachteten, tatsächlich aber vor allem als Nachinterpretationen zu charakterisierenden Stellen in
den Prophetenbüchern die nötige Aufmerksamkeit zuteil, und es wurde mehr
und mehr deutlich, dass diese sich nicht in Glossen und Textfehlern erschöp-
fen, sondern als sinntragende Auslegungen vorgegebenen Textmaterials zu
deuten sind.[41] Die jüngste Prophetenforschung konzentriert sich demnach
nicht mehr auf die mutmasslich genialischen Einzelgestalten hinter den Prophetenbüchern, sondern sie nimmt diese Bücher bewusst als Schriftprophetie
wahr.

Vormals mündliche Prophetie ist im Alten Testament nur in sinntragenden schriftlichen Sammlungen überliefert. Überhaupt ist nicht alle Prophetie
ursprünglich mündlich gewesen. Ansehnliche Teile der Prophetenbücher
haben nie anders als in schriftlicher Form existiert (z. B. Jes 56–66; Jer 30–33).
Für einzelne Prophetenbücher, etwa Nahum, Jona oder Maleachi, ist sogar zu
erwägen, ob sie nicht als ganze auf schriftgelehrte Tätigkeit zurückgehen.
Hinter ihnen steht vermutlich keine prophetische Einzelgestalt, deren ver-
schriftete Verkündigung die Grundlage der weiteren Redaktionsgeschichte
des Buchs gebildet hätte, vielmehr scheinen diese Bücher als ganze Produkte
schriftgelehrte Tradentenprophetie zu sein.[42]

---

38   Vgl. dazu ausführlich Schmid, Schrift.
39   Vgl. Becker, Wiederentdeckung; Schmid, Deutungen; Kratz, Propheten; vgl. zur methodi-
     schen Perspektive Kratz, Redaktionsgeschichte. Ein markanter Wegbereiter dieser Frage-
     stellung war Zimmerli, Ezechiel.
40   Ein besonders hervorzuhebender Beitrag ist Barth, Jesaja-Worte, da Barth mit diesem Buch
     in methodisch reflektierter Weise bewusst eine Monographie zu *sekundären* Prophetentexten
     vorlegte – eine bislang ungekannte Zuspitzung.
41   Vgl. Steck, Prophetenbücher.
42   Vgl. Schmid, Propheten.

Der schriftgelehrte – d. h. der durch Niederschrift und fortwährende Auslegung geprägte – Charakter der prophetischen Literatur des antiken Israel
und Juda konstituiert wohl ihr wichtigstes Spezifikum im Rahmen vergleichbarer Erscheinungen im Alten Orient.[43] Prophetie ist auch ausserhalb Israels
bezeugt, sie ist vor allem aus den Mari-Texten (18. Jh. v. Chr.) und der Bi-
bliothek Assurbanipals (7. Jh. v. Chr.) bekannt.[44] In Mari ist v. a. die Briefform für die Schriftlichkeit der Prophetie belegt, die neuassyrische Prophetie
findet sich auf Sammeltafeln von Einzelorakeln, die gewisse Ordnungsprinzi-
pien erkennen lassen und auch in Ansätzen zeigen, dass Prophetenworte in
zeitübergreifender Weise als auch für spätere Epochen massgeblich gelesen
worden sind. So scheint Assurbanipal Prophetenworte gesammelt und ediert
zu haben, die ursprünglich der Legitimation seines Vaters Asarhaddon gedient hatten, nun aber denselben Dienst implizit für seinen Sohn leisten
sollten – sowohl Asarhaddon wie Assurbanipal waren jeweils nicht die erst-
geborenen Söhne, gelangten entgegen der regulären Thronfolgeordnung an
die Macht und hatten entsprechende Legitimationsbedürfnisse.[45] Doch solch
ausgeprägte Formen der redaktionellen Neuinterpretation vorgegebener Prophetenüberlieferung wie im Bereich des antiken Israel lässt sich in diesen
Traditionsbereichen nicht belegen.

Die schriftgelehrte, interpretierende und theologisierende Arbeit an der
alttestamentlichen Prophetenüberlieferung kann sehr unterschiedlich geartet
sein. Der Beginn theologischer Auslegungsarbeit lässt sich im Grunde schon
in der *Erstverschriftung* mündlicher Logien erkennen,[46] die als solche ein Akt
der Interpretation ist, da das mündliche Wort seiner ursprünglichen Sprecher-
situation enthoben wird. Sie setzt sich fort in der *Kompilation* solcher Einzeltexte, die in der Regel nach bestimmten sinntragenden Kriterien erfolgt,
durchaus aber noch ohne Einschreibung redaktioneller Eigenformulierungen
auskommen kann. Durch die Anordnung von Texten können sich bestimmte
theologische Sinnlinien ergeben, wie dies Jeremias etwa für das Hosea- und
das Amosbuch aufzeigen konnte[47] und was entsprechend auch schon für die
Sammeltafeln der neuassyrischen Prophetien gilt.[48] Das Fehlen von Zwi-
schenüberschriften in Hos 4–14 signalisiert, dass die hier zusammengestellten
Texte nicht je für sich, sondern in ihrem Zusammenhang gelesen werden sol-

---

43 Vgl. Jeremias, Proprium.
44 Vgl. die komparatistische Darstellung von Stoekl, Prophecy.
45 Vgl. Parpola, Prophecies, S. LXIX.
46 Vgl. Nissinen, Prophecy.
47 Vgl. die in Jeremias, Hosea und Amos, versammelten Studien.
48 Vgl. Parpola, Prophecies; Nissinen, Orality; Nissinen, Prophecy.

len.[49] Insofern kann man sagen, dass der Beginn theologischer Arbeit an den Prophetenworten gleichzeitig auch den Verlust von deren Authentizität impliziert: «Echte» Prophetenworte als solche gibt es nirgends (mehr) im Alten Testament, denn die Erstverschriftung vormals mündlicher Logien, die Auswahl und Zusammenstellung verschiedener «kleiner Einheiten» sind bereits Akte der Auslegung, hinter die zurück nur mehr schwer ein Weg führt.[50] Zu beklagen ist dieser Umstand nicht, denn offenbar waren die Tradenten der Ansicht, dass die sinnhafte Zusammenstellung von Prophetenworten wichtiger ist als deren atomisierte Überlieferung. In der Tat dürfte die sinntragende Kompilation prophetischer Einzeltexte eine wichtige Rolle bei der Entstehung der Überzeugung gespielt haben, dass diese Texte traditionsfähig und traditionswürdig seien.

Deutlicher zu greifen sind theologische Auslegungsvorgänge dann in Prozessen der Fortschreibung und Redaktion vorgegebener Texte und Textsammlungen. Die einfachste Form besteht in *kleinräumigen Fortschreibungen*, die sich nur auf den unmittelbaren Nahkontext beziehen. Im Jeremiabuch finden sich etwa v. a. im Bereich von Jer 4–10 Ergänzungen, die vorliegende Unheilsankündigungen und Klagen um Anklagen erweitern, die in der Regel an eine in 2.sg.fem. angeredete Person, die aus dem Kontext mit der personifiziert vorgestellten Stadt Jerusalem identifiziert werden kann, gerichtet sind.[51] Aus inhaltlichen wie auch formalen Gründen kann man davon ausgehen, dass diese 2.sg.fem.-Texte zum einen Nachträge und zum anderen literarisch unselbständig sind, d. h. sie sind nicht quellenhaft, sondern für ihren Kontext geschrieben. Diese Ergänzungen machen im Blick auf das vorgegebene Textgut deutlich: Das hereinbrechende Unheil ist nicht einfach Unglück, sondern göttliche Strafe für Schuld. Diese Schuld besteht – metaphorisch gesprochen – im «Ehebruch» Jerusalems, der für eine falsche Bündnispolitik steht:[52] Jerusalem sucht sich andere «Liebhaber», anstatt auf Gott zu vertrauen.

> Jer 4,13–15: Siehe, wie Wolken zieht er (sc. der Sturm [4,11f.]) herauf, und wie Sturmwind sind seine Wagen, schneller als Adler sind seine Pferde. Wehe uns, wir sind vernichtet! *Wasche dein Herz rein von Bosheit, Jerusalem, damit du gerettet wirst! Wie lange sollen noch in dir nisten deine Unrechtsgedanken?* Eine Stimme meldet aus Dan, und lässt Unheil hören vom Gebirge Ephraim.

---

49   Vgl. Jeremias, Hosea; ders., Amos.
50   Vgl. Kratz, Redaktion.
51   Erkannt und beschrieben v. a. von Levin, Verheißung, und Biddle, Redaction.
52   Vgl. nach wie vor die klassische Darstellung von Fitzgerald, Background.

Jer 4,29f.: Vor dem Ruf «Reiter und Bogenschützen!» flüchtet jede Stadt, sie sind in Höhlen hinein, haben sich im Dickicht versteckt, sind auf die Felsen gestiegen; jede Stadt ist verlassen, kein Bewohner darin.

Und du, was willst du tun? Ja, du kleidest dich in Purpur, schmückst dich mit Goldschmuck, ja, weitest deine Augen mit Schminke – du machst dich umsonst schön! Dich verschmähen die Liebhaber, sie trachten nach deinem Leben.

An diesen Fortschreibungstätigkeiten wird erkennbar, wie in doppelter Hinsicht eine Theologisierung in den Text eingetragen wird: Zum einen wird das Unheil neu als Strafe für Schuld (hier «Bosheit») gedeutet, und zum anderen wird so Gott als Subjekt des Strafhandelns impliziert.

Forscher wie Christoph Levin, Robert P. Carroll, William McKane[53] oder auch schon Bernhard Duhm[54] haben die Meinung vertreten, schriftgelehrte Auslegungsarbeit an den Prophetenbüchern sei vorrangig oder sogar ausschliesslich in kleinen Einzelergänzungen vonstattengegangen und übergreifende Redaktionsschichten würden sich kaum oder nicht nachweisen lassen. Das literarische Wachstum der Prophetenbücher wäre dann mit demjenigen eines «unbeaufsichtigten Waldes»[55] oder einer immer grösser werdenden Lawine zu vergleichen.

Demgegenüber ist jedoch hervorzuheben, dass sich in den Prophetenbücher auch Fortschreibungstexte erkennen lassen, die bestimmte Buchteile oder auch ganze Bücher (vielleicht sogar Bücherfolgen) redigieren und so grösseren Textflächen einen neuen theologischen Sinn geben. Die redaktionelle Arbeit formuliert übergreifende theologische Perspektiven, die sich in solchen Fällen nicht einfach auf den unmittelbaren Nahkontext, sondern auf grössere Zusammenhänge wie ganze Bücher oder sogar Bücherfolgen beziehen. Denn es lassen sich auch *redaktionelle Vernetzungen über die Einzelbücher* hinweg feststellen, die offenbar der theologischen Gestaltung eines in sich stimmigen *corpus propheticum* (Jes – Mal) oder sogar der Schaffung des Kanonteils Nevi'im (vgl. die Inklusion Jos 1,7/Mal 3,22–24) dienen. So haben etwa Erich Bosshard und Odil Hannes Steck entsprechende Redaktionsperspektiven im Jesaja- und im Zwölfprophetenbuch festgestellt,[56] in dieser Hinsicht sind auch Dubletten wie Jes 2,2–5/Mi 4,1–5 oder Jer 49,7–22/Ob zu befragen.[57]

---

53 Vgl. Levin, Verheißung; Carroll, Jeremiah; McKane, Jeremiah.
54 Duhm, Jeremia.
55 Duhm, Jeremia, S. XX.
56 Bosshard-Nepustil, Rezeptionen; Steck, Abschluss.
57 Jeremias, Theologie.

Alle diese Vorgänge sind als Prozesse der interpretierenden Ausgestaltung und einer differenzierenden Systematisierung ansprechbar und zeigen das Bestreben der «Theologisierung» vorgegebener Überlieferung. Ein besonderer Anreiz dürfte dabei der Anspruch der Prophetie gebildet haben, Gottes Wort zu sein, auch wenn bei manchen Prophetenbüchern dieser Anspruch selbst erst im Verlauf der Überlieferung zustande gekommen oder expliziert worden sein mag.[58] Als Gottes Wort konnte die Prophetie nicht einfach verändert oder zurückgenommen werden, sondern musste einem komplexen Prozess der Fortschreibung und Aufdatierung zugeführt werden, der sich entsprechend den dargestellten Möglichkeiten in verschiedener Weise gestalten konnte. Wie bereits angedeutet, findet sich in dieser Eigenart ein wichtiger Vergleichspunkt mit der Rechtsliteratur.

2. Die Gegenüberstellung von «Altem» und «Neuem» bei Deuterojesaja

Spielt die Prophetie *insgesamt* eine wichtige Rolle in der Herausbildung von Theologie in der alttestamentlichen Überlieferung, so ist es doch naheliegend, den oft als «Deuterojesaja» bezeichneten Textbereich in Jes 40ff.[59] in dieser Hinsicht besonders hervorzuheben. Er gehört zwar bereits in die Folgezeit der klassischen Prophetie, die er voraussetzt und verarbeitet, doch gerade diese zeitliche Nachordnung hat es ermöglicht, dass sich die Texte in Jes 40ff. reflektierend und transformierend auf die vorgegebene Überlieferung beziehen.

Im Gefolge von Johannes Begrich, Gerhard von Rad und Siegfried Herrmann hat sich vor allem Odil Hannes Steck bereits 1968 um die Beschreibung von «Deuterojesaja als theologische[m] Denker» bemüht[60] und damit die Wichtigkeit der Beachtung *spezifisch theologischer* Argumentation innerhalb der prophetischen Literatur an diesem besonderen Beispiel hervorgehoben. Prophetie lässt sich nicht hinreichend beschreiben als supranaturaler Wortempfang aussergewöhnlicher, inspirierter Gestalten und die Prophetenbücher sind nicht angemessen wahrgenommen, wenn man sie als blosse

---

58 Vgl. für Jeremia Levin, Verheißung, S.156–159; Levin, Wort; Pohlmann, Ferne; Schmid, Buchgestalten, S.140–143; für Ezechiel: Pohlmann, Frage. Ob diese Vorgänge, die sich im Jeremia- und im Ezechielbuch rekonstruieren lassen, auch für das Amosbuch in Anschlag zu bringen sind, bleibt fraglich: vgl. Kratz, Worte, zu ihm Scherer, Sinn.

59 Zu den literarischen und theologiegeschichtlichen Abgrenzungsfragen vgl. Schmid, Propheten, S.338–346. Der neue Kommentar von Paul, Isaiah, will die sachliche und entstehungsgeschichtliche Differenz zwischen Deutero- und Tritojesaja aufgeben, verkennt aber die unterschiedlichen sachlichen Profile der entsprechenden Texte.

60 Vgl. die Hinweise auf Begrich, von Rad und Herrmann bei Steck, Deuterojesaja, S.207 Anm. 2.

Textkompilationen oder Florilegien liest und die in ihren literarischen Gestaltungen erkennbaren theologischen Entscheidungen und Positionsbezüge nicht beschreibt. Die Zuweisung bestimmter literarischer Gestaltungsvorgänge an konkrete Autorenfiguren bleibt in der prophetischen wie in der biblischen Literatur überhaupt notorisch schwierig, zumal im Bereich von Deuterojesaja die Möglichkeit zu erwägen ist, dass hinter den entsprechenden Texten nicht ein Individuum, sondern ein Kollektiv steht.[61] Doch dies ist für die vorliegende Fragestellung nur von untergeordneter Bedeutung.

Entscheidend ist vielmehr, dass die Deuterojesajaüberlieferung an ihrer historischen Position – gegen Ende des babylonischen Exils und zu Beginn der Perserzeit[62] – offenbar zu Reflexionsanstrengungen veranlasst, ja genötigt worden ist, die sich für das Thema der Herausbildung von Theologie als von grosser Bedeutung herausgestellt hat. Mit treffenden Worten hat dies in dem erwähnten Beitrag von 1968 Steck beschrieben:

«Theologische Fragen im strengen Sinn des Wortes sind es, die hier vorgebracht werden. Die Frage, ob sich Jahwe seinem Volk überhaupt wieder heilvoll zuwendet, die Frage, ob das durch Deuterojesaja ergehende Jahwewort überhaupt zuverlässig ist und Realität zu schaffen vermag, die Frage, ob Jahwe überhaupt imstande ist, ein sich derart weltweit erstreckendes, die Völker und Mächtigen lenkendes Heilshandeln ins Werk zu setzen, zumal andere Götter, insonderheit die der babylonischen Sieger, im Geschichtsverlauf der Gegenwart die Oberhand zu haben scheinen. Es sind also nicht diese oder jene religiösen Probleme, die man stellen oder übergehen kann, es ist der Abgrund einer theologischen Krise des Jahweglaubens, an dem Deuterojesajas Heilsbotschaft gestoßen ist; diese theologische Krise ruft den Propheten als theologischen Denker auf den Plan.»[63]

Bei Steck koinzidieren zwar noch fraglos Prophet und Theologie – Deuterojesaja selbst ist der Theologe –, was in historischer Hinsicht zwar der Fall sein kann, aber nicht muss, doch richtig gesehen sind die theologischen Dimensionen der in Jes 40ff. verhandelten Sachverhalte.

Auch Ulrich Berges erkennt in Jes 40ff. ein intellektuelles Unternehmen, das in entscheidender Weise mit theologischen Fragen beschäftigt ist:

«Zusammenfassend ist zu sagen, dass unabhängig von der bevorzugten Terminologie (Disputation/Diskussion/Bestreitung) kein zweiter prophetischer Text so argumentativ vorgeht wie Jes 40ff. Das Exil und seine Folgen hatten eine theologische

---

61 Vgl. Berges, Jesaja, S. 36–46.
62 Vgl. exemplarisch die Beobachtungen von Kratz, Kyros, S. 19–33 zu Jes 45,1–7.
63 Steck, Deuterojesaja, S. 209.

Diskussion über das Gottsein JHWHs angesichts der babylonischen Götterwelt in Gang gesetzt, deren Ergebnis die Grundlage für das nachexilische Israel bilden sollte. Die Polemik gegen die Fremdgötter und die Herstellung der Kultbilder spielt in dieser fiktiv-forensischen Auseinandersetzung als Ausdruck des intellektuellen Disputs eine wichtige Rolle.»[64]

Berges verwendet zwar weniger prominent als Steck die «Theologie»-Begrifflichkeit in Anwendung auf Jes 40ff., doch zeigt auch seine Wortwahl der «theologische[n] Diskussion» bzw. des «intellektuellen Disputs», wie zentral dieser Aspekt in Jes 40ff. zu veranschlagen ist.

In der Tat lassen sich in der Deuterojesajaüberlieferung durchgängig theologische Innovationsleistungen beobachten. Im Folgenden soll nur ein Beispiel herausgegriffen werden, anhand dessen dies besonders deutlich wird, nämlich die Thematisierung des «Neuen»[65] in Jes 43,16–21[66]:

43,16: So spricht JHWH,
der einen Weg bahnt im Meer
und einen Pfad in mächtigen Wassern,
17 der Wagen und Pferde ausziehen lässt, Heer und Starke,
gemeinsam liegen sie da,
nie mehr stehen sie auf,
sind ausgelöscht, verloschen wie ein Docht.
18 Denkt nicht an das, was früher war,
und was vormals war – kümmert euch nicht darum.
19 Seht, ich schaffe Neues,
schon spriesst es,
erkennt ihr es nicht?
Ja, durch die Wüste lege ich einen Weg
und Flüsse[67] durch die Einöde.
20 Die Tiere des Feldes werden mich ehren,
die Schakale und die Strausse,
denn in die Wüste habe ich Wasser gegeben,
in die Einöde Flüsse,
um mein Volk, meine Erwählten, trinken zu lassen,
21 das Volk, das ich für mich gebildet habe.
von meinem Ruhm werden sie erzählen.

---

64 Berges, Jesaja, S.54.
65 Vgl. zum weiteren Horizont der Innovation in der alttestamentlichen Prophetie Kratz, Neue.
66 Vgl. zum Folgenden Schmid, Neue Schöpfung.
67 1QJes^a liest «Pfade».

Dieser Abschnitt gliedert sich in drei Teile. Ein erster Passus (43,16f.) preist JHWH in der Form eines partizipialen Hymnus und evoziert Bilder des Exodus aus Ägypten und der Rettung Israels am Schilfmeer. Daran schliesst sich ein zweiter Teil (43,18f.) an, der davon spricht, dass das Vergangene keiner Erinnerung mehr wert ist, Gott nun vielmehr Neues schaffe. Ein dritter Teil (43,20f.) schliesslich führt dieses Neue aus und beschreibt es in den Farben eines neuen Exodus durch die Wüste, während dessen es nicht an Wasser mangeln wird.

Der Text und seine Gliederung zeigen deutlich an: Alter und neuer Exodus stehen einander gegenüber: Des alten soll nicht mehr gedacht werden, er wird durch den neuen ersetzt werden. Dieses sachliche Profil ist von manchen Auslegern bestritten worden, wohl vor allem aus dem Eindruck seiner Heterodoxie.[68] Der Aufbau v. a. des Mittelstücks 43,18f.[69] lässt aber keinen Zweifel daran, dass es in Jes 43,16–21 in der Tat darum geht, den alten Exodus vom neuen grundsätzlich abzugrenzen, wie die antithetische Ausrichtung der beiden Verse deutlich zeigt:

V.18aα: «gedenkt nicht»	–	V.19aα: «siehe, ich mache»
V.18aβ: «frühere Dinge»	–	V.19aβ: «Neues»
V.18bα: «vergangene Dinge»	–	V.19bα: «jetzt spriesst es»
V.18bβ: «bedenkt sie nicht»	–	V.19bβ: «erkennt ihr nicht?»

Der alte Exodus hat seine Heilsqualität verloren, Gott schafft etwas Neues, und dieses Neue wird in keiner vergleichbaren Analogie zum Alten stehen.

Wie ist aber nun diese Zurückweisung der traditionellen Exodusüberlieferung zu erklären? Die geschichtliche Situation Deuterojesajas nach dem Untergang Judas und Jerusalems lieferte die Bestätigung dafür, dass der Herausführung Israels aus Ägypten gemäss Jes 40ff. keinerlei gegenwärtige Heilsrelevanz mehr zukommt. Der alte Exodus aus Ägypten hatte ja offenkundig eine Unheilsgeschichte nach sich gezogen, die im Verlust des eigenen Landes resultierte. Deshalb soll seiner nicht mehr gedacht werden. Jes 43,16–21 setzt dagegen: Es wird einen neuen Exodus, nun aus Babylon, geben, der den alten weit überbieten wird. Zunächst wird JHWH selbst aus Babylon ausziehen, und das Volk wird ihm dann nachziehen. Bemerkenswert ist, dass auch der neue

---

68 Vgl. Westermann, Buch, S. 104f; Elliger, Deuterojesaja, S. 353; Kiesow, Exodustexte, S. 71–73; Macchi, Choses, S. 234 mit Anm. 28; Kratz, Kyros, S. 68 mit Anm. 240; Krüger, Dekonstruktion, S. 155 mit Anm. 22; Barstad, Way, S. 107–112; Tiemeyer, Comfort, S. 156–168. Schon von Rad, Theologie, Bd. 2, S. 257, bemerkte richtig, dass diese Worte «gerade für die Frommen etwas von Lästerung enthalten haben mussten».

69 S. dazu Berges, Jesaja, S. 300.

Exodus ein «Wasserwunder» kennen wird – nun aber kein die Feinde destruierendes wie in Ex 14, sondern JHWH wird Wasser in die Wüste geben, damit sein Volk getränkt werde.

Natürlich ist Jes 43,16–21, wie die gesamte Deuterojesajaüberlieferung, in kerygmatischer Sprache gehalten, und die Argumente sind weder partiell noch durchgängig in den Status einer reflektierenden Metaebene gehoben worden. Die Reflexion auf die Ablösung des «Alten» durch das «Neue» verbleibt im selben Sprachgestus wie die traditionelle Darstellung des «Alten», doch wird das «Neue» in einem impliziten, aber rekonstruierbaren Gedankengang als Substitution des «Alten» eingeführt und plausibilisiert.

Die implizite Theologie der alten Exodusüberlieferung hatte sich aufgrund der zeitgeschichtlichen Umstände erledigt, entsprechend war eine Neuformulierung nötig geworden, die eine neue Theologie beinhaltet: Die Erwählung Israels durch JHWH bleibt bestehen, doch sie gründet sich nicht auf den Auszug aus Ägypten, sondern auf die Heimkehr aus Babylon.

Was hier wie sonst in der Deuterojesajaüberlieferung beobachtbar ist, kann in der Tat mit Steck und Berges als theologische Denkbemühung angesehen werden, vorgegebene Konzeptionen angesichts einer neuen historischen Realität zu modifizieren und Alternativen dazu zu formulieren. Die Position der Deuterojesajaüberlieferung ist dabei so radikal neu, dass sie ihre Aussagen nicht im Modus der Fortschreibung hier und dort an vorgegebene Texte anschliessen konnte, sondern einen neuen literarischen Entwurf produzieren musste.

3. Universale Geschichtstheologie im Jeremiabuch

Ein besonders bemerkenswertes Beispiel impliziter Theologie findet sich in einer bestimmten Deuteperspektive im Jeremiabuch. Dort ist zu erkennen, wie durch die Vermittlung von literarisch fixierten, älteren Prophetenworten und realgeschichtlicher Erfahrung in neuen Texten wohl das erste Mal im Alten Testament die Vorstellung einer Universalgeschichte entsteht, die Geschichten unterschiedlicher, internationaler Königsdynastien miteinander verflicht, die traditionellerweise keines Ausgleichs untereinander bedurften, da jede als autonom galt.[70] Entstehungsgeschichtlich setzt diese Neuinterpretation wohl die Deuterojesajaüberlieferung voraus und gehört in die mittlere Perserzeit, entsprechend wird sie hier dem vorangehenden Abschnitt nachgeordnet.

---

70 Vgl. dazu im Detail Schmid, Antritt.

Erkennbar wird diese Perspektive an der auffälligen Weissagung in Jer 36,30, deren literarischer Kontext im vierten und fünften Jahr des Königs Jojakim – in absoluter Chronologie im Jahr 605/4 v. Chr. – angesiedelt ist (36,1; vgl. 36,9) und die dem König Jojakim entgegen aller historischen Realität in Aussicht stellt, der letzte Repräsentant der Davidsdynastie zu sein:

> Deshalb: So spricht JHWH
> über Jojakim, den König von Juda:
> Nicht wird ihm sein
> einer, der auf dem Thron Davids sitzt,
> und sein Leichnam soll hingeworfen sein
> der Hitze bei Tag
> und dem Frost bei Nacht.

Diese Ankündigung hat sich so nicht erfüllt, nach Jojakim folgten für fast zwei Jahrzehnte weitere Davididen auf dem judäischen Königsthron bis zum Untergang Jerusalems 587 v. Chr.; 1Chr 3,17–21 vermeldet sogar weitere Nachkommen Jojachins, also Davididen, bis in die persische Zeit hinein. Entgegen manchen Vorschlägen ist die Tatsache, dass Jer 36,30 nicht in Erfüllung gegangen ist, aber kein Hinweis auf eine zeitgenössische Entstehung des Textes, dessen historische Falschheit nur aus der Unkenntnis dessen, was sich später tatsächlich abgespielt hat, zu erklären wäre. Vielmehr verdankt sich die spezifische Position von Jer 36,30 innerbiblischer Schriftauslegung: Die Ankündigung Jer 36,30 kombiniert zwei vorgegebene Prophetenworte aus Jer 22,18f. und 22,30, die einerseits Jojakim ein schändliches Begräbnis ankündigen und Jojachin jegliche Nachkommenschaft versagen, bezieht sie beide auf Jojakim und lässt die Davidsdynastie aus theologischen, nicht aus historischen Gründen bereits im vierten bzw. fünften Jahr Jojakims enden: Wie nicht zuletzt aus dem Jeremiabuch selber bekannt ist (Jer 25,1), bezeichnet dieser Zeitpunkt auch den Antritt der Weltherrschaft des babylonischen Kronprinzen und dann Königs Nebukadnezzar, der in diesem Jahr durch den Sieg bei der Schlacht von Karkemisch (605 v. Chr.) die Hegemonie über den Vorderen Orient erreichte.

Die Verortung des Endes der Davidsdynastie im selben Jahr durch Jer 36,30 steht also im Dienst einer universalgeschichtlichen Konstruktion, die nur *ein* Königtum von Gottes Gnaden zulässt: Dieses ist zunächst selbstredend das davidische, mit dem Versagen der judäischen Könige kann dieses nach wie vor «davidische» Königtum dann aber auch auf Fremdmächte übertragen werden. Mit der Rückweisung des prophetischen Worts durch Jojakim im Jahr 605 v. Chr. geht dieses Königtum an Nebukadnezzar über, der im Jeremiabuch wohl eben deshalb als «JHWHs Knecht» bezeichnet werden kann (Jer 25,9; 27,6; 43,10). In der Weltgeschichte äussert sich dieser Vorgang beobachtbar darin, dass Nebukadnezzar siegreich aus der Schlacht bei Karkemisch hervorging und sich so die Herrschaft über die damals bekannte Welt sichern konnte. Der Leser der Bibel weiss allerdings, dass sich diese Ordnung als nur von begrenzter Gültigkeit erweisen sollte: Die Weltherrschaft ging dann alsbald, wie die die frühe Perserzeit abdeckende Deuterojesajaüberlieferung weiss, an Kyros – den «Messias» JHWHS (Jes 45,1) – über, der somit nach Nebukadnezzar die Davidsdynastie beerbte.

Diese Konzeption einer *translatio imperii* – von den Davididen über die Babylonier zu den Persern – wurde weder von der Tradition bereitgestellt, noch lag sie ohne Weiteres auf der Hand. Vielmehr kommt man nicht umhin anzunehmen, dass sie nichts anderes als ein Resultat intensiver theologischer Reflexion darstellt, die eine Erklärung dafür suchte, wie die ewige Dynastie der Davididen einerseits nachweislich zum Abbruch kommen konnte, andererseits aber doch an der theokratischen Lenkung des Weltgeschehens durch Gott selbst festgehalten werden sollte. Am ehesten verständlich wird diese theologische Konzeption als eine sachliche Rückverlängerung des selbst theologisch höchst innovativen Gedankens der Erwählung des Perserkönigs Kyros durch JHWH in Jes 45,1 als dessen «Messias», der beinahe von selbst darauf führen musste, dass zwischen den letzten Davididen und Kyros ein Bindeglied im von Gott erwählten Königtum bestehen müsse. Historisch setzt diese Vorstellung der *translatio imperii* wohl die bislang analogielose Erfahrung dreier imperialer Grossmächte, die sich binnen eines Jahrhunderts ablösten, voraus, wird also wohl kaum vor der endgültigen politischen Etablierung der Perserherrschaft in der Dareioszeit anzusetzen sein.

Als theologisch – im Sinne von reflexiv auf vorgegebene Erfahrung und Überlieferung zurückgreifend – bezeichnet werden kann diese Perspektive, weil sie hinter vorgegebenen Prophetenworten wie Jer 22,18f. und 22,30 einen übergreifenden Sinn zu erkennen sucht; implizit bleibt sie, weil sie in der narrativen Logik des Textes von Jer 36 verbleibt und nicht an die Textoberfläche getragen wird.

4. Die Promotion Jesajas zum Propheten der Weltgeschichte

In der sachlichen Verlängerung des eben beschriebenen Vorgangs ist auch die Entwicklung der Vorstellung im Jesajabuch zu sehen, dass der Prophet Jesaja von seiner geschichtlich zugewiesenen Warte im 8. Jh. v. Chr. aus bereits die ganze Weltgeschichte – von der assyrischen über die babylonische und persische Zeit hinweg bis hin zur Neuschöpfung von Himmel und Erde – überschaut hat. Der historische Jesaja hat zwar wohl auch über die Zukunft gesprochen, doch dürfte dieser zeitliche Horizont sich nur auf wenige Jahre oder bestenfalls Jahrzehnte hinaus erstreckt haben.[71]

Doch mit der literarischen Vereinigung von Proto- und Deuterojesajaüberlieferung – also Jes 1–39 + Jes 40ff. – veränderte sich die Dimension der geschichtlichen Vorausschau dieses neu entstandenen Prophetenbuchs grundlegend. Wenn es zutrifft, dass über die Eintragung des redaktionellen Brückenkapitels Jes 35 zum ersten Mal ein die Proto- und Deuterojesajaüberlieferung zusammenfassendes Grossjesajabuch entstanden ist,[72] dann bedeutet dies nicht nur eine erhebliche quantitative Veränderung des Jesajabuchs, sondern ebenso auch eine qualitative Transformation. Mit der Unterordnung der Prophetie aus Jes 40ff. unter die Autorität Jesajas wurde umgekehrt Jesaja zum Propheten nicht nur der assyrischen, sondern auch der persischen Zeit. Und mit der weiteren Fortschreibung der Jesajatexte, besonders in Jes 65f., wuchs dieser Horizont dann weiter bis ins Eschaton an.

Mit Blick auf diese Entwicklung, die sich analog auch im Zwölfprophetenbuch als einer redaktionellen Einheit nachzeichnen lässt,[73] ist Duhm recht zu geben: Der alttestamentliche Kanon ist von Theologen zusammengestellt worden.[74] Das Jesajabuch in dieser prophetischen Dimension ist ein zumindest implizit theologisches Buch, das sich einerseits der Überzeugung der Verbindbarkeit von Proto- und Deuterojesajaüberlieferung verdankt, die eine erhebliche Transformation in der biblischen Konstruktion der Prophetie markiert, andererseits aber auch den weiteren theologischen Auslegungs- und Fortschreibungsvorgängen, die die inhaltliche Prägung des Buchs ausmachen.

5. Die Systematisierung unterschiedlicher Verheissungen

Sowohl das Vorhandensein unterschiedlicher prophetischer Basisüberlieferungen, die auf unterschiedliche historische Prophetengestalten zurückgehen, als auch die mannigfachen Fortschreibungen, die an sie angeschlossen worden sind, haben zu einem sprachlich wie sachlich divergenten Erscheinungsbild der prophetischen Literatur geführt.

Es ist nun im Blick auf die theologische Prägung dieser Literatur sehr bemerkenswert, dass diese Vielfalt sich nicht jeweils einfach nur weiter ausdifferenzierte, sondern bisweilen mittels besonderer rationaler Ausgleichs-

---

71 Vgl. dazu ausführlich Schmid, Jesaja 1–23, S. 13–44.
72 Vgl. Steck, Heimkehr.
73 Vgl. Bosshard-Nepustil, Rezeptionen; Steck, Abschluß.
74 Vgl. o. S. 25.

strategien in sich vermittelt worden zu sein scheint. So lässt sich etwa im Jeremiabuch aufgrund der Aufnahme von Jer 23,5f. und über den Rückverweis auf «*das gute Wort*» auch von Jer 29,10 in Jer 33,14–16 erkennen, wie mit diesem letztgenannten Abschnitt ein Text vorgegebene Verheissungen aufnimmt und sachlich systematisiert.[75]

33,14 Siehe, es kommen Tage,	23,5 Siehe, es kommen Tage,
spricht JHWH,	spricht JHWH,
da erfülle ich	da werde ich
das gute Wort (vgl. 29,10), das ich	
dem Hause Israel	
und dem Hause Juda gegeben habe.	
33,15 In jenen Tagen und zu jener	
Zeit werde ich	
dem David sprossen lassen	dem David
einen Spross der Gerechtigkeit,	einen gerechten Spross erwecken;
	der wird als König herrschen
	und weise regieren
und der wird Recht und	und der wird Recht und
Gerechtigkeit üben im Land.	Gerechtigkeit üben im Land.
33,16 In jenen Tagen wird Juda	23,6 In seinen Tagen wird Juda
geholfen werden,	geholfen werden,
und Jerusalem wird sicher bleiben;	und Israel wird sicher wohnen;
und das ist der Name, mit dem man	und das ist der Name, mit dem man
sie nennen wird:	ihn nennen wird:
«JJHWH ist unsere Gerechtigkeit!»	«JHWH ist unsere Gerechtigkeit!»

Jer 33,14–26 nimmt eine Sonderstellung im Jeremiabuch ein: Er ist mit 185 Wörtern der längste Überschuss, den das hebräische Jeremiabuch gegenüber seiner griechischen Fassung aufweist. Dieser Befund lässt sich kaum anders auswerten, als dass Jer 33,14–26 in der hebräischen Vorlage seiner griechischen Übersetzung noch nicht vorgelegen hat – man befindet sich mit diesem Text also mit grosser Wahrscheinlichkeit am Ende der literarisch-produktiven Überlieferungsgeschichte des Jeremiabuchs. Nun zeigt namentlich der Eingangspassus in Jer 33,14–16 deutlich an, dass er sich auf vorgegebene Texte bezieht, diese offenbar aufnimmt und reinterpretiert. Zum einen greift er auf die messianische Weissagung Jer 23,5f. zurück, zum anderen auf das «gute Wort» in Jer 29,10, das die Rückführung der babylonischen Exulanten nach

---

75 Vgl. Schmid, Buchgestalten, S. 56–66.323–327; ders., Verheißung.

Jerusalem in Aussicht stellt. Offenkundig will Jer 33,14–16 diese beiden Themen kombinieren und gewinnt daraus eine Erklärung, weshalb zu seiner Abfassungszeit – wohl im 3. Jh. v. Chr. – die Restitution der Davidsdynastie, die Jer 23,5f. verheissen hatte, immer noch nicht erfolgt ist: Zuerst muss die Diaspora heimkehren, erst dann wird die Davidsdynastie wiederhergestellt werden.

Man kann aufgrund der besonderen, nur hebräisch bezeugten Überlieferungslage mit einiger Sicherheit davon ausgehen, dass Jer 33,14–16 ein erst hellenistischer Text ist – er ist wohl jünger als die Übersetzung des Jeremiabuchs ins Griechische, sonst wäre er dort auch belegt. Er verdankt sich offenkundig einer zeitgenössischen Lektüre von älteren Texten wie Jer 23,5f. in der nachpersischen Zeit, in der die Frage immer drängender wurde, was es denn mit diesen Herrschaftsverheissungen noch auf sich habe, die nun seit «Jeremia» während Jahrhunderten unerfüllt im Raum stehen. Jer 33,14–16 antwortet auf diese Frage dergestalt, dass zum einen die Verheissung aus Jer 23,5f. bekräftigt wird, anderseits aber mit einer weiteren Verheissung, derjenigen aus Jer 29,10, gekoppelt und von deren Erfüllung abhängig gemacht wird: Erst wenn die Diaspora wieder im Land ist, wird sich die Herrscherverheissung von Jer 23,5f. erfüllen.

Diese Neuinterpretation von Jer 23,5f. in Jer 33,14–16 ergibt sich aus der theologischen Zusammenschau unterschiedlichen Traditionsmaterials und ist umgekehrt auch nur aus einer theologisch informierten Lektüre des Jeremiabuchs erkennbar. Man erkennt so, wie das Jeremiabuch im Verlaufe seiner Fortschreibungsgeschichte zum einen in seiner Substanz theologischer wird und zum anderen auch mehr und mehr theologische Bildung bei seinen Lesern voraussetzt.

6. Die Diskussion der Prophetenbücher mit der Tora

Ein vergleichbares Phänomen wie das eben beschriebene, aber mit einem weitergreifenden literarischen Horizont, findet sich in der Vermittlung von Prophetentexten mit der Tora.[76] Auch hier geht es um Ausgleichsbemühungen, nun aber nicht mehr innerhalb der Prophetenliteratur selbst, sondern im Rückgriff auf die Tora. Diese Querbeziehungen zwischen Tora und Propheten sind in der vormodernen und neuzeitlichen Bibelexegese schon immer gesehen worden, zunächst aber im gewohnten biblischen Bild interpretiert

---

76 Vgl. Otto, Jeremia; vgl. auch Maier, Jeremia. Rom-Shiloni, Actualization, datiert die Tora sehr früh und sieht Abhängigkeiten in aller Regel nur auf der Seite der Jeremiaüberlieferung, die ihrerseits zu grossen Teilen auf Jeremia selber zurückgeführt wird.

worden: Die Propheten kommen nach Mose und legen dessen Gesetz aus. Erst mit Wellhausen kehrte sich dieses Verhältnis, historisch zutreffend, um: *lex post prophetas.* Die älteren Passagen der Prophetenbücher kennen noch kein mosaisches Gesetz – gemeint ist bei Wellhausen damit im Wesentlichen die priesterliche Kultgesetzgebung. Die Begeisterung für diese Entdeckung verunmöglichte es der Bibelwissenschaft aber für geraume Zeit, auch deren Relativität klar zu sehen: Was für die älteren Stücke in den Propheten zutreffend war, musste deswegen für die jüngeren nicht notwendigerweise auch zutreffen. In der Tat: Eine Reihe von Fortschreibungstexten in den Prophetenbüchern, stammen sie nun aus babylonischer, persischer oder hellenistischer Zeit, zeigt eine auffällige Nähe zu Toratexten, wobei diese Berührungen sachlich gleichsinnig oder auch kritisch-distanzierender Art sein können. So ist etwa die Verheissung eines neuen Himmels und einer neuen Erde in Jes 65,17–25 deutlich in Aufnahme von Gen 1–3 gestaltet: Die Neuschaffung von Himmel und Erde soll die bestehende Ordnung der alten Schöpfung ablösen.[77] Ein Modell für diese Gegenüberstellung scheint Jes 65,17–25 in Jes 43,16–21 gefunden zu haben, wo alter und neuer Exodus kontrastiert werden. Die Ablösung des alten durch den neuen Exodus wird in Jes 65,17–25 im Sinne einer universal geweiteten Antithese von alter und neuer Schöpfung überboten. Ja, es lässt sich sogar erkennen, wie Jes 65,17–25 nicht nur auf Gen 1–3, sondern auf Anfang und Ende der Tora – nämlich auch auf Dtn 28,30 – Bezug nimmt und so die Lebensordnung der alten Schöpfung durch eine neue Heilsperspektive funktionsäquivalent substituiert. Gegen diese Position scheint dann Koh 1 («Es gibt nichts Neues unter der Sonne») zu polemisieren.[78]

Ein ähnlicher Vorgang einer kritischen Bezugnahme auf die Tora zeigt die Verheissung des neuen Bundes in Jer 31,31–34. Sie schliesst offenkundig in der Sache an Formulierungen des *Sch^{e}ma' Israel* in Dtn 6,4–9, dreht aber dessen Bedingungen für die kommende Heilszeit um: Das Gesetz wird Israel ins Herz gegeben sein, und keiner wird mehr den anderen belehren.[79]

Die Auseinandersetzung mit der Tora in der Prophetenliteratur legt offenkundig Zeugnis von intensiven Diskussionen zwischen unterschiedlichen Trägergruppen dieser Literaturbereiche ab, die geografisch keineswegs weit auseinanderliegen müssen. Geistige Distanz und räumliche Nähe schliessen sich keineswegs aus. Bemerkenswert ist aber der Wille, die eigene Position von anderen Positionen abzugrenzen, sie mit diesen in Beziehung zu setzen

---

77 Vgl. Steck, Himmel.
78 Vgl. Krüger, Dekonstruktion.
79 Vgl. Schmid, Buchgestalten, S. 66–85.

und sie diesen gegenüber zu profilieren und zu begründen. Es spricht wenig dafür, solche Vorgänge terminologisch von «theologischen» Denkbemühungen fernzuhalten.

III Die Theologisierung des Rechts

Recht war zu keiner Zeit und in keiner Gesellschaft eine nur statische Grösse, trotz des sprichwörtlichen Gesetzes der Meder und der Perser (Dan 6,13), das aber gerade keine historische Realität, sondern eine literarische Fiktion im Rahmen der Danielerzählungen ist. Entsprechend gehört zum Recht immer auch seine Auslegung, die im Bereich des antiken Israel auch grundlegende Prozesse seiner Theologisierung miteinschliesst.

Um Vorgänge der Rechtsauslegung angemessen zu verstehen, ist es notwendig, sich den grundsätzlichen Stellenwert der altorientalischen Rechtssammlungen zu vergegenwärtigen. Eine Reihe von Indizien deutet darauf hin, dass diese nicht exklusiv bindenden Status hatten, sondern eher im Sinne von Musterfällen bei der Rechtsfindung zu interpretieren sind. So decken die bekannten Rechtsbücher bei weitem nicht alle denkbaren Streitfälle ab, ja, es scheinen eher komplizierte Ausnahmen als alltägliche Schwierigkeiten behandelt zu werden. Der Vergleich der Sanktionen in den Rechtsbüchern mit überlieferten Prozessurkunden zeigt, dass hier ein erheblicher Ermessensspielraum bestand, und schliesslich ist im altorientalischen Kontext ohnehin klar, dass die eigentlich legislative Instanz nicht ein Text, sondern der König ist. Dessen Subordination unter das Gesetz ist allererst eine Erfindung der Tora (Dtn 17).

1. Die Übertragung völkerrechtlicher Kategorien auf das Gottesverhältnis in Israel

Es ist eine bekannte Tatsache, dass sich die Rechtsüberlieferungen des Alten Testaments von denjenigen im Alten Orient in grundsätzlicher Weise dadurch unterscheiden, dass sie als Gottesrecht und nicht als Königsrecht gestaltet sind.[80] Wo der König explizit mit dem alttestamentlichen Recht in Verbindung gebracht wird, so fungiert er – wie eben erwähnt (Dtn 17) – als Objekt, und nicht als Subjekt des Rechts. Allerdings lässt namentlich das sogenannte Bundesbuch – die älteste Rechtssammlung des Alten Testaments –, noch deutlich erkennen, dass ihre Formulierung als Gottesrecht auf Vorgängen

---

80 Otto, Recht; Otto, Recht und Ethos; Otto, Exkarnation.

sekundärer Neuinterpretation beruht.[81] Die Gestaltung der alttestamentlichen Rechtssätze als Gottesrecht trifft auf die ältesten Sammlungen nicht zu – zu nennen ist hier namentlich der Grundbestand der sogenannten Mischpatim («Rechtssätze») aus Ex 21–23. Seit einigen Jahrzehnten hat sich die Erkenntnis durchsetzen können, dass sich diese Neuinterpretation als Gottesrecht im Wesentlichen einer kritischen Aufnahme neuassyrischer Vertragsideologie verdankt, die Israel in ein analoges Abhängigkeitsverhältnis zu seinem Gott setzt wie die assyrischen Vasallen zu ihrem assyrischen Grosskönig.[82] Damit entstand ein Gedanke, der sich von grundlegender Bedeutung für die weitere Entwicklung von Theologie im Alten Testament zeigt: Das Verhältnis Gottes zu seinem Verehrerkreis wurde rechtsförmig gedacht.

Für die Frage nach Theologie im Alten Testament ist dieser Vorgang deshalb von grundlegender Bedeutung, da durch ihn Gott als in grundsätzlich rationalen Kategorien – solchen des internationalen Vertragsrechts – gefasst gedacht wurde. Wie Gott sich zu Israel verhält, ist von den Vertragsinhalten abhängig, die zwischen den beiden Bundespartnern bestehen, und davon, wie diese erfüllt werden. Natürlich wird Gott durch dieses Vertragsverhältnis nicht vollständig determiniert, doch umgekehrt werden seine Handlungen an Israel als durchaus rechtsartig interpretiert.[83]

Es ist allerdings zu betonen, dass das rechtlich gefasste Verhältnis zwischen Gott und seinem Volk keine gänzlich neue Erfindung judäischer Theologen der neuassyrischen Zeit darstellt, sondern an eine traditionelle, im gesamten Alten Orient verbreitete Ordnungsvorstellung anschliesst, die in den verschiedenen Sprachen über den Gerechtigkeitsbegriff symbolisiert wird.

---

81 Vgl. Albertz, Theologisierung; kurz zusammenfassend Otto, Bundesbuch, S. 1876f.

82 Vgl. Otto, Deuteronomium; differenziert und weiterführend Koch, Vertrag.

83 Ein besonders prägnantes Beispiel der rechtsförmigen Ausgestaltung des Verhältnisses zwischen Gott und Mensch findet sich im Dekalog (vgl. Köckert, Gebote). Aufgrund religionsgeschichtlicher Indizien lässt er sich vergleichsweise deutlich in das beginnende 6. Jh. v. Chr. datieren: Einerseits scheint seine Forderung der intoleranten JHWH-Monolatrie noch nicht die deutlichen monotheistischen Konzeptionen der Priesterschrift und der Deuterojesajaüberlieferung vorauszusetzen, andererseits ist diese Forderung deutlich vom Deuteronomium her inspiriert, die Zentralstellung des Sabbatgebots (so v. a. im Deuterononiumsdekalog, der – beachtet man die Verknüpfungen der Einzelgebote mit «und» – eher als Pentalog anzusprechen ist) mit seiner innovativen Identifizierung des siebten Tags als traditionellen Ruhetags mit dem in der Königszeit wohl noch das Vollmondfest bezeichnenden «Sabbat», der auch durch ökonomische Restriktionen gekennzeichnet gewesen zu sein scheint, weist am ehesten in eine Zeit nach 587 v. Chr. (vgl. Grund, Entstehung). Der Dekalog ist deshalb von besonderer Bedeutung, da er in umfassender Weise die Gottes- und Sozialbeziehung der Menschen rechtsförmig regelt, allerdings gerade deshalb eher ein theologischer, als ein juristischer Text ist.

Traditionell ist also die Vorstellung, dass der Welt eine «gerechte» Struktur einwohnt.[84] Neu ist aber, dass diese Vorstellung im Bereich zwischen Gott und seinem Volk im Sinne positiver Rechtssätze ausgestaltet werden kann. Für die Frage der Rechtsüberlieferung im Alten Testament ist der Schritt zur Ausgestaltung von Gottesrecht von entscheidender Bedeutung: Sobald das Recht als Gottesrecht verstanden wird, ist seine – mit dem Fortgang der Zeit je und je notwendige – Modifikation aufgrund dieses hohen autoritativen Status nurmehr über den Vorgang der Auslegung, nicht aber der Ersetzung denkbar. Umgekehrt hat die Entscheidung, im Pentateuch sowohl die rechtlichen Grundtexte als auch ihre Auslegungen gleicherweise zu kanonisieren, zu einer ausserordentlich fruchtbaren Rechtshermeneutik geführt: Damit wird die Dynamik der Auslegung mit derselben Normativität ausgestattet wie die jeweiligen Rechtspositionen, die in gegenseitiger Balance wahrgenommen werden müssen.

2. Gottesrecht und innerbiblische Auslegung

Diese Auslegungsprozesse lassen sich in vielfacher Weise zwischen dem Bundesbuch und dem Deuteronomium beobachten. Ein besonders deutliches Beispiel bietet die Verarbeitung von Ex 21,2–11 in Dtn 15,12–18:[85]

Ex 21,2: Wenn du **einen hebräischen Sklaven** kaufst, soll er sechs Jahre dienen, im siebenten aber soll er **ohne Entgelt** freigelassen werden. (3) Ist er allein gekommen, so soll er auch allein entlassen werden; war er aber verheiratet, so soll seine Frau mit ihm entlassen werden. (4) Hat ihm dagegen sein Herr eine Frau gegeben, und sie hat ihm Söhne oder Töchter geboren, so soll die Frau samt ihren Kindern ihrem Herrn gehören; er soll allein entlassen werden. (5) Erklärt jedoch der Sklave: Ich habe meinen Herrn, meine Frau und meine Kinder lieb, ich will nicht freigelassen

Dtn 15,12: Wenn **dein Bruder, ein Hebräer oder eine Hebräerin**, sich dir verkauft, so soll er dir sechs Jahre dienen, im siebenten Jahre aber sollst du ihn freilassen. (13) **Und wenn du ihn freilässt, sollst du ihn nicht mit leeren Händen ziehen lassen;** (14) **ausstatten sollst du ihn aus deinen Schafen, von deiner Tenne und von deiner Kelter. Je nachdem dich der Herr, dein Gott, gesegnet hat, sollst du ihm geben**

(15) **und sollst daran denken, dass du [auch] Sklave gewesen bist im Lande Ägypten und dass der Herr, dein Gott, dich befreit hat; darum**

---

84 Vgl. Schmid, Gerechtigkeit; Assmann, Ma'at.
85 Vgl. dazu Levinson, Manumission.

werden, (6) so führe ihn sein Herr **vor Gott**; er führe ihn an die Türe oder an den Türpfosten, und dort durchbohre ihm sein Herr das Ohr mit einem Pfriem, und dann ist er für immer sein Sklave. (7) Verkauft jemand seine Tochter als Sklavin, so soll sie nicht entlassen werden wie die Sklaven. (8) Gefällt sie ihrem Herrn nicht, nachdem er ihr beigewohnt hat, so soll er sie loskaufen lassen; doch ist er nicht befugt, sie an fremde Leute zu verkaufen, indem er treulos an ihr handelt. (9) Bestimmt er sie aber für seinen Sohn, so soll er sie nach dem Töchterrecht ausstatten. (10) Nimmt er sich noch eine andre [Frau], so soll er jener an der Nahrung, der Kleidung und dem ehelichen Umgang nichts entziehen. (11) Erfüllt er ihr diese drei [Pflichten] nicht, so wird sie ohne weiteres frei, ohne Lösegeld.

gebiete ich dir heute dieses. (16) Spricht er aber zu dir: «Ich will nicht von dir fortgehen», weil er dich und dein Haus liebgewonnen hat, da es ihm bei dir wohl war, (17) so nimm den Pfriem und stosse ihn durch sein Ohr in die Türe, und dann ist er für immer dein Sklave. Mit deiner Sklavin sollst du es auch so machen. (18) **Es soll dich nicht hart ankommen, wenn du ihn freilassen musst; denn in den sechs Jahren, die er dir gedient, hat er dich nur halb so viel gekostet als ein Tagelöhner, und der Herr, dein Gott, wird dich segnen in allem, was du tust.**

Es ist ohne Weiteres deutlich, dass Ex 21,2–11 in Dtn 15,12–18 aufgenommen und neu interpretiert wird. Es geht in beiden Texten um die Sklavenfreilassung nach sechs Jahren, die gleicherweise statuiert wird (Ex 21,2 bzw. Dtn 15,12). Doch die im Bundesbuch vorgegebene Regel wird im Deuteronomium in verschiedener Hinsicht transformiert. Zunächst fällt auf, dass der freigelassene Sklave in Ex 21 mit leeren Händen davonziehen muss, während Dtn 15 fordert, dass er mit gewissen Gütern ausgestattet werden soll. Weshalb? Offenkundig deswegen, damit der Freigelassene nicht sogleich wieder in Schuldsklaverei verfällt, da er ein gewisses Startkapital benötigt, um sich eine eigene Existenz aufzubauen. Dieser Aspekt bestimmt auch die unterschiedlichen Formulierung der Eingangsbestimmung Ex 21,2 bzw. Dtn 15,12: Während für Ex 21,2–11 der «Kauf» eines Sklaven ein üblicher Vorgang zu sein scheint, lässt die Ausdrucksweise von Dtn 15,12–18 («wenn dein Bruder [...] sich dir verkauft») klar erkennen, dass die Situation der Schuldsklaverei einen Notstand bezeichnet, der so bald als möglich wieder aufgehoben werden soll. Sklaverei ist keine Dauerinstitution, sondern ein notwendiges, aber zeitlich begrenztes Übel. Für Dtn 15,12–18 sind Sklaven als potentiell freie Menschen im Blick, für Ex 21,2–11 sind sie Angehörige einer Men-

schenklasse neben anderen. Die explizite Theologisierung der Sklavenfrei-
lassung wird dann in Dtn 15,15 formuliert: Sklavenfreilassung beruht nicht
nur auf einem sozialen, sondern auch auf einem theologischen Imperativ.
Auch die jetzt freien Israeliten waren einmal Sklaven und sind aus der
Sklaverei befreit worden. Eine zweite Theologisierung formuliert Dtn 15,18:
Das Befolgen des Gebots der Sklavenfreilassung bedeutet nicht nur die
Respektierung eines legalen Prinzips, sondern es zieht Gottes Segen nach
sich. Institutionsgeschichtlich hängen diese Theologisierungen vielleicht damit zusammen, dass es für die Zeit der Abfassung von Dtn 15,12–18 bereits
keine exekutiven Instanzen mehr gab, die die Implementierung dieser Gesetze hätte durchsetzen können, also auf die Einsicht der Angeredeten gesetzt
werden musste.

Ein weiteres Element der Theologisierung des Rechts in Dtn 15,12–18
zeigt sich in dem Ritus, der den freiwilligen Verbleib des Sklaven bei seinem
Herrn besiegelt: In Ex 21,6 scheint die Vorstellung vorausgesetzt zu sein,
dass man auf dem Hof des Herrn selber «vor Gott» treten kann, während das
Deuteronomium mit seinem theologischen Programm der Zentralisation des
Kults in Jerusalem diese Vorstellung nicht teilen kann, sondern den Ritus
profaniert und nicht mehr «vor Gott» stattfinden lässt.

Bemerkenswert ist dabei im Vergleich, dass im Exodustext des Sklaven-
freilassungsgesetzes eine Bezugnahme auf Gott im Kontext des Verbleibs des
Sklaven bei seinem Herrn vorgenommen wird, während das Deuteronomium
die Freilassung in einen theologischen Horizont rückt.

Die innerbiblische Auslegungsgeschichte von Ex 21,2–11 endet allerdings nicht in Dtn 15,12–18. Im Rahmen des sogenannten Heiligkeitsgeset-
zes, in Lev 25,39–46, werden die Sklavengesetze aus Ex 21,2–11 und Dtn
15,12–18 aufgenommen und noch einmal einer neuen Deutung zugeführt, die
nun darauf besteht, dass es gar keine israelitischen Sklaven geben dürfe. Die
Bezeichnung «Sklave» wird für Personen, die sich verkaufen müssen,
vermieden, sie gelten als Tagelöhner und Beisassen.

> Lev 25,39: Und wenn dein Bruder neben dir verarmt und sich dir verkaufen muss,
> sollst du ihn nicht als Sklaven arbeiten lassen. (40) Wie ein Tagelöhner, wie ein
> Beisasse soll er bei dir sein, bis zum Jobeljahr soll er bei dir arbeiten. (41) Dann
> soll er frei werden, er und mit ihm seine Kinder, und er soll zu seiner Sippe
> zurückkehren und wieder zum Besitz seiner Vorfahren kommen.

Die Bezeichnung «Sklave» ist in Bezug auf Israeliten nur in einem theologischen Sinne verwendbar: Alle Israeliten sind Sklaven Gottes, von denen aber
gilt, dass dieser sie aus Ägypten befreit hat. Deshalb können sie nicht ver-

kauft werden. Bemerkenswerterweise wird in Lev 25,39–46 die Exodus-erinnerung nicht auf die Herren, sondern auf die Knechte angewendet:

> (42) Denn meine Sklaven sind sie, die ich herausgeführt habe aus dem Land Ägypten. Sie sollen nicht verkauft werden, wie man einen Sklaven verkauft. (43) Du sollst nicht mit Gewalt über ihn herrschen, sondern sollst dich fürchten vor deinem Gott.

Der Ausdruck «mit Gewalt über ihn herrschen» nimmt die Redeweise der Unterdrückung der Israeliten durch die Ägypter aus Ex 1,13f. auf («die Ägypter zwangen die Israeliten *mit Gewalt* zur Arbeit» – «und sie machten ihnen das Leben schwer mit [...] all der Arbeit, die sie *mit Gewalt* von ihnen erzwangen»): Wenn Israeliten Volksgenossen versklaven, dann unterscheiden sie sich nicht von den Ägyptern in ihrem Verhältnis zu Israel gemäss Ex 1. Wenngleich es keine israelitischen Sklaven geben soll, so wendet sich Lev 25,39–46 doch nicht gegen die Institution der Sklaverei als solche:

> (44) Die Sklaven und Sklavinnen aber, die du besitzen darfst, sollt ihr von den Völkern kaufen, die rings um euch leben. (45) Und auch von den Kindern der Beisassen, die bei euch leben, dürft ihr sie kaufen und von ihrer Sippe, die bei euch lebt, die sie in eurem Land gezeugt haben, und sie dürfen euer Besitz werden. (46) Und ihr dürft sie euren Söhnen als dauernden Besitz vererben. Ihr dürft sie als Sklaven arbeiten lassen. Über eure Brüder aber, die Israeliten, sollst du nicht mit Gewalt herrschen, einer über den anderen.

Die innerbiblische Auslegungsbewegung, die von Ex 21,2–11 über Dtn 15,12–18 nach Lev 25,39–46 hin verläuft, stellt die Rechtsprechung in immer weiter ausgreifende theologische Kontexte und verhält sich gegenüber der Sklavenschaft von Israeliten immer kritischer: Für Ex 21,2–11 ist diese eine fraglose Gegebenheit, die allerdings bestimmten Regeln unterworfen ist, für Dtn 15,12–18 ist die Versklavung von Israeliten ein notwendiges, zeitlich begrenztes Übel, dem aus theologischen Gründen so entgegenzuwirken ist, dass es möglichst selten eintritt, während Lev 25,39–46 die theologische Perspektive so stark priorisiert, dass aufgrund dessen die Sklaverei von Volksgenossen verboten wird.

Wie diese drei Sklavengesetze zusammenzulesen sind, ist eine offene Frage. Die rabbinische Auslegung hat sie als drei separate Bestimmungen verstanden, die gleicherweise Gültigkeit beanspruchen. Wenn man den narrativen Ort der Sklavengesetze beachtet, so sind Ex 21,2–11 und Lev 25,39–46 in der Sinaigesetzgebung verankert, während Dtn 15,12–18 im Rahmen der Gesetzgebung im Ostjordanland erfolgt und insofern über einen niedrigeren Autoritätsstatus verfügt. Die Einschreibung von Lev 25,39–46 im Rahmen der Sinaiperikope verdankt sich wohl dieser Beobachtung: Ihr theologisches Gewicht gab den Ausschlag, diese letzte Modifikation der Sklavengesetzgebung im Leviticusbuch zu verankern.

IV Die Theologisierung der politischen Geschichte

Mit der aufkommenden Vorstellung von Gott als Gesetzgeber und der Verpflichtung Israels auf das von ihm promulgierte Gesetz ging die Übertragung dieses Verhältnisses auf die Interpretation der Geschichte Israels und Judas einher. Die annalistische Darstellung der eigenen Königsgeschichte fusst auf altorientalischer Tradition, eine erste, beachtliche Interpretationsleistung stellt die synchronistische Zusammenschau Israels und Judas dar.[86] Doch besonders bemerkenswert ist das Gerüst theologischer Evaluationen in den Königebüchern, dessen historische Verortung allerdings nicht unumstritten ist.[87] Im angelsächsischen Sprachraum dominiert dessen Ansetzung in etwa dieselbe Zeit wie diejenige des assyrerzeitlichen Kerns des Deuteronomiums, während in der deutschsprachigen Forschung oft eine um einige Jahrzehnte jüngere Datierung nach der Katastrophe Judas und Jerusalems vertreten wird. Beiden Optionen ist jedoch gemeinsam, dass dieses Gerüst in engem sachlichem und literarischem Konnex zum Deuteronomium gesehen wird – je nach literargeschichtlicher Differenzierungsbereitschaft in mehrfach gestufter und wechselseitiger Abhängigkeit.[88] Folgende vereinfachte Perspektive erlaubt eine Annäherung an das Problem: Blickt man auf die Königsbeurteilungen, so scheint ursprünglich das Problem der Kultzentralisation (vgl. Dtn 12) ganz im Vordergrund gestanden zu haben.[89] Als Bewertungskriterien werden für die Nordreichskönige das Festhalten an der Sünde Jerobeams[90] und für die Südreichskönige die Vielzahl der Kultstätten[91] vorgebracht. Auf einer nächs-

---

86 Vgl. Levin, Exzerpt.
87 Vgl. Blanco, Rechte; Römer, History.
88 Vgl. Kratz, Komposition; Schmid, Deuteronomium; ders., Image.
89 Vgl. Aurelius, Ursprung, S. 4.
90 Vgl. 1Kön 12,25–30 (Jerobeam I.); 1Kön 15,25f. (Nadab); 1Kön 15,33f. (Baesa); 1Kön 16,18f. (Simri); 1Kön 16,25f. (Omri); 1Kön 16,*29–33 (Ahab); 1Kön 22,52f. (Ahasja); 2Kön 3,1–3 (Joram); 2Kön 10,29 (Jehu) 2 Kön 13,1f. (Joahas); 2Kön 13,10f. (Joas); 2Kön 14,23f. (Jerobeam II.); 2Kön 15,8f. (Sacharja); 2Kön 15,17f. (Menachem); 15,23f. (Pekachja); 15,27f. (Pekach); 2Kön 17,1f. (Hosea).
91 1Kön 3,2f. (Salomo); 1Kön 14,22 (LXX: Rehabeam; MT: Juda); 1Kön 15,1–3 (Abia); 1Kön 15,*11–15 (Asa); 1Kön 22,41–45 (Josaphat); 2Kön 8,16–19 (Jehoram); 2Kön 8,25–27 (Ahasja); 2Kön 12,1–4 (Joas); 2Kön 14,1–4 (Amasja); 2Kön 15,1–4 (Asarja); 2Kön 15,32–35 (Jotham); 2Kön 16,1–4 (Ahas); 2Kön 18,*2–7 (Hiskia); 2Kön 21,1f. (Manasse); 2Kön

ten Stufe wird der Vorwurf, gegen das Prinzip des einen Kultortes verstossen zu haben, erweitert zum Vorwurf der Abgötterei, der einen Verstoss gegen das Erste (und – je nachdem, wie man zählt – das Zweite) Gebot des Dekalogs bedeutet.[92] Interessant ist hierbei die Beobachtung, dass nun der Höhenkult, der zuvor als an sich zulässiger, aber falsch lokalisierter, nämlich nicht zentralisierter Gottesdienst (vgl. 2Kön 18,22) galt – die judäischen Könige, die «das Rechte in den Augen JHWHs taten», aber nur die Höhen nicht abgeschafft hatten, konnten insgesamt gute Zensuren bekommen –, nun unter den Götzendienst an sich subsumiert und als solcher interpretiert wird (vgl. bes. 2Kön 17,9–12 sowie 1Kön 14,22–24). Man kann konzeptionell schliesslich noch eine weitere Stufe beobachten, für die «alles, was Mose, JHWHs Knecht, geboten hatte» (2Kön 18,12) der Bewertungsmassstab ist, also nicht der Verstoss gegen ein so oder anders bestimmtes Hauptgebot, sondern der Verstoss gegen die Gebote der Tora überhaupt.[93]

Mit dem Messen der Geschichte an der Theologie des Deuteronomiums – bzw. in späteren Stufen an der Theologie der gesamten Tora – wird diese Geschichte nicht mehr als ein durch gelegentliche «charismatische» göttliche Eingriffe charakterisierter Verlauf wahrgenommen, sondern wird als ein theologisch bestimmtes Kontinuum interpretiert, dessen Qualität von menschlicher Aktion und göttlicher Reaktion im Rahmen der grundlegenden gegenseitigen Verpflichtung, die das Deuteronomium und die Tora enthalten, bestimmt wird.[94]

Die theologische Errungenschaft dieser Position gegenüber dem Deuteronomium besteht darin, nicht nur Gott in vertragstheoretischen Kategorien zu denken, sondern darüber hinaus auch den Gang der Geschichte mit diesen Kategorien zu korrelieren. Dadurch wird die Geschichte als Text lesbar, sie wird zu einem Narrativ, der auf seinen Sinn hin befragbar ist.[95]

Die Theologisierung der literarischen Präsentation der politischen Geschichte Israels ist also eine Folge der Theologisierung des Gottesverhältnisses Israels im Bereich der Rechtsüberlieferung. Im Rahmen der Frage nach Theologie im Alten Testament ist dieser Vorgang deshalb besonders bedeut-

---

21,*19–22 (Amon); 2Kön 22, 1f. (Josia); 2Kön 23,31f. (Joahas); 2Kön 23,36f. (Jojakim); 2Kön 24, 8f. (Jojachin); 2Kön 24,17–20 (Zedekia).

92 Vgl. Ex 20,2–6; 23,13.23f.; Jos 23,6f.16; 1Sam 7,3f.; 8,8; 12,10; 26,19; 1Kön 9,6.8f.; 11, 1f.9f.; 14,7–9; 16,30–33; 18,17f.; 21,25f.; 22,54; 2Kön 10,18; 17,15–17.35.38f.; 21,3.21; 22,17.

93 Vgl. Jos 1,7f.; 8,30ff.; 22,5; 23,6f.; 1Kön 2,1–3; 6,11–13; 2Kön 10,31; 14,6; 18,6.12; 21,7f.; 22,8.10f.; 23,1–3.25.

94 Vgl. Assmann, Gedächtnis, S. 248f.

95 Vgl. ausführlicher Schmid, Zeit.

sam, weil er zeigt, dass Theologisierungsprozesse offenbar – natürlicherweise – eine expansive Eigenschaft haben.

v Theologie im weiteren Pentateuch

Durch den Umstand, dass die Rechtsüberlieferungen des Alten Testaments im Rahmen des Pentateuch überliefert worden sind, ist die Frage nach Theologie im Pentateuch bereits im vorangehenden Abschnitt für einen elementaren Teilbereich des Pentateuch angesprochen worden. Doch ist es ein grundsätzliches Charakteristikum des Pentateuch, dass er nicht nur Rechts-, sondern auch Geschichtsmaterialien enthält. Welche Prozesse der Theologisierung lassen sich in diesem zweiten Bereich, bzw. in Verbindung mit dem ersten, erkennen?

1. Die Verheissungstheologie der Vätergeschichte

Der Textbereich Gen 12–50 ist stark geprägt von Verheissungstexten, die die unterschiedlichen Einzelepisoden und Erzählzyklen miteinander verbinden. Seit den Arbeiten von Rainer Kessler, Rolf Rendtorff und Erhard Blum[96] hat sich die Erkenntnis durchgesetzt, dass diese Verheissungstexte nicht zum Urgestein der Überlieferung gehören, sondern sich ihrer theologischen Interpretation und der redaktionellen Vernetzung ihrer vormals selbständigen Erzählungen und Erzählkränze verdanken. Das Verheissungsthema besitzt allerdings zumindest einen Anknüpfungspunkt im Bereich der vorgegebenen Tradition, und zwar in Gen 18. Die Erzählung vom Besuch der drei Männer bei Abraham beinhaltet – aus formgeschichtlichen Gründen als integral zu betrachtendes Element – die Verheissung eines Sohnes, der dem Gastgeber binnen eines Jahres geboren werden soll. Vergleichbare Erzählungen, die von einem Götterbesuch berichten, enthalten das Element eines Gastgeschenks, das in diesem Fall die Sohnesverheissung ist. Es ist nicht ausgeschlossen, dass dieses Element bereits in die mündliche Vorgeschichte der Erzählung gehört und insofern die Überlieferungsbildung der Abrahamserzählungen und dann der weiteren Vätergeschichte über weite Strecken begleitet hat.

Zu enormer Bedeutung gelangt ist das Verheissungsthema dann aber vor allem durch seine Verwendung im Rahmen der Etablierung einer übergreifenden Vätergeschichte. Eine besonders tragende Rolle spielen die Verheissungen in Gen 12,1–3 und 28,13–15, deren genaue historische Ansetzung

---

96 Vgl. Kessler, Querverweise; Rendtorff, Problem; Blum, Komposition; ders, Studien. S. auch Carr, Fractures.

zwar umstritten ist, die aber doch wohl den Untergang des Nordreichs 720 v. Chr., vielleicht auch denjenigen des Südreichs 587 v. Chr., voraussetzen.[97] Dass der literarische Vorgang der Verbindung der einzelnen Erzählzyklen der Vätergeschichte zu einem Gen 12–50 umfassenden Komplex von erheblicher Bedeutung für die Frage von Theologisierungsprozessen in der alttestamentlichen Überlieferung ist, liegt auf der Hand: Die redaktionelle Verbindung wird über explizit «theologische» Texte – d. h. als Äusserungen Gottes selbst – geschaffen, so dass unzweifelhaft ist, dass dieses Zusammenbinden mit theologischer Sinnbildung verknüpft ist. Worin besteht sie?

Zunächst ist das auffälligste Moment der Gestaltung dieser Texte als Gottesreden zu nennen. Die vorgegebenen Einzelüberlieferungen und Erzählzyklen lassen im Blick auf die Interaktion Gottes mit den Menschen eine sehr viel zurückhaltendere Art der Begegnung erkennen. Vielleicht am deutlichsten erkennbar ist dies in Gen 28,10–22: Ob man nun Gen 28,13aα noch zum ursprünglichen Traum Jakobs in Bethel hinzurechnet oder nicht, ändert nicht viel daran, dass die Erkenntnis der Numinosität des Ortes in der ursprünglichen Erzählung Gen 28,11f.*.16–19*, die die Verheissung in 28,13–15 noch nicht enthalten haben dürfte,[98] nicht an eine inhaltlich greifbare, göttliche Wortoffenbarung geknüpft gewesen zu sein scheint. Erst die redaktionelle Einbindung dieser Erzählung (bzw. des Jakobzyklus) in den grösseren Zusammenhang der Vätergeschichte zieht die Eintragung einer expliziten Gottesrede in den Text nach sich.

Man kann diese theologische Interpretation als Rationalisierung und als Universalisierung beschreiben: Gott erscheint in den Verheissungstexten nicht als diffuse numinose Grösse, sondern als ein Offenbarungsgeber mit einer distinkten Botschaft, und er kann erscheinen, wo immer es nötig ist, sei es im mesopotamischen Haran oder im israelitischen Bethel. Er ist nicht an ein bestimmtes Heiligtum oder an eine bestimmte Ethnie gebunden.

Bemerkenswert ist dabei, dass in Gen 28,13 eine Selbstvorstellung Gottes gegeben wird: «Ich bin JHWH». Die Verheissungen in Gen 12,1.7; 13,14 kennen dieses Element nicht. Dass die sich offenbarende Gottheit «JHWH» ist, weiss zwar der Leser in Gen 12–50 von Anfang an, die Akteure erkennen dies aber erst nach und nach (vgl. Gen 15,7; 28,13).

---

97 Vgl. Kratz, Komposition; Schmid, Literaturgeschichte, S. 91f 124–126.
98 Sie ist als Ergänzung zum einen aufgrund ihrer gerade nicht lokal gebundenen Vorstellung Gottes erkennbar, zudem nimmt sie die nachfolgende Gelübdeformulierung in V. 20–22 vorweg. Anders allerdings Blum, Traum.

In überlieferungsgeschichtlicher Hinsicht lässt sich diese Gottesvorstellung als integrativer Monotheismus charakterisieren.[99] Auch wenn die Vätergotthypothese Albrecht Alts mittlerweile als ihrer Kritik, besonders durch Matthias Köckert, erlegen gelten muss,[100] so bleibt doch erkennbar, dass hinter den Überlieferungsmaterialien der Vätergeschichte vor- und nebenjahwistische Gottesvorstellungen erkennbar sind, die offenbar im Verlauf der Überlieferung in die Konzeption des einen «JHWH» integriert worden sind.

Eine der traditionsgeschichtlichen Wurzeln der Verheissungstexte der Genesis ist in Gen 18 zu vermuten.[101] Doch es ist durchaus wahrscheinlich, dass sich das Gestaltungsmerkmal der redaktionellen Synthese der Vätergeschichte über Gottesreden nicht ohne Beeinflussung durch die zeitgleich sich formierende Prophetenliteratur des Alten Testaments vollzogen hat. Die Forschung hat sich traditionell mit dieser Frage kaum beschäftigt, da man die Väterverheissung als erheblich älter als die Anfänge der Schriftprophetie eingestuft hatte, doch mit den Umbrüchen in der neueren Pentateuchforschung ist diese Perspektive zu überprüfen. Entsprechend den Kenntnissen über den Literaturbetrieb im antiken Israel wird man nicht erwarten dürfen, dass Beziehungen in jedem Fall über deutlich identifizierbare Zitate erkennbar werden, vielmehr dürften diese über Memorisierungsvorgänge vermittelt worden sein.

Die Verheissungstexte der Genesis «prophetisieren» die ihr vorgegebene Überlieferung: Sie stellen das berichtete Geschehen in den Horizont von weiter ausgreifenden, zukünftigen Plänen Gottes, die den Akteuren in der Erzählung mitgeteilt werden und die auch für die Leserschaft in der Sache noch ausstehend sind. Gott wird von diesen Texten also als eine Grösse konstruiert, deren Macht nicht einfach linear von den politischen, ökonomischen und demographischen Gegebenheiten der Gegenwart her abzulesen oder zu definieren ist, sondern diese transzendiert.

Im Blick auf die Frage nach impliziter Theologie im Alten Testament ist die Textgruppe der Verheissungen in der Genesis deshalb nachgerade ein Musterbeispiel, weil sie in literarischer Hinsicht deutlich redaktionelle Nachträge darstellen und gerade in dieser «Nachträglichkeit» auf die vorgegebene Überlieferung reflektieren, sie synthetisieren und sachlich neu ausrichten. Ein interessantes empirisches Beispiel dafür, wie eine Verheissung nachträglich in einen bestehenden Text eingetragen wird, findet sich in dem Qumrantext 4Q158 (fr. 1–2 7–10), der den biblischen Text von Gen 32,27 («und er seg-

---

99 Vgl. Levin, Monotheismus.
100 Vgl. Köckert, Vätergott.
101 Schmid, Literaturgeschichte, S. 91 f 124–126.

nete ihn dort») um eine Verheissung ergänzt hat («und er sprach zu ihm: JH[WH]mache dich fruchtbar [und meh]re dich [...] Erkenntnis und Einsicht, und er errette dich von aller Gewalttat und [...] bis zu diesem Tag und bis zu ewigen Generationen [...] Und er ging weiter seines Wegs, nachdem er ihn dort gesegnet hatte»).[102]

3. Die Priesterschrift als theologischer Text

Neben den Väterverheissungen der Genesis muss unter dem Aspekt von Theologie im Pentateuch auch eine bestimmte literarische Grösse genannt werden, die ohne diese Perspektive weder in literaturgenetischer noch sachlicher Hinsicht zureichend zu verstehen ist – die sogenannte Priesterschrift.

Die Ausgrenzung der Priesterschrift aus dem Pentateuch als einer – mutmasslich – ursprünglich eigenständigen Quellenschrift[103] gehört, obwohl sie lediglich eine Hypothese darstellt, zu den weithin anerkannten Ergebnissen der Bibelkritik. Der Grund für den Erfolg der Priesterschrifthypothese liegt in den bekannten Beobachtungen, die seit den Anfängen der historischen Bibelwissenschaft ihre Auffälligkeit nicht verloren haben und erklärungsbedürftig bleiben: die Doppelung der Stoffe – seien sie nun einander nachgeordnet wie in Gen 1–3 oder ineinandergearbeitet wie in Gen 6–9 – sowie die auffällige Elohim-Begrifflichkeit in der Erzähldarstellung von Gen 1–Ex 6, die sich von der Redeweise von Gott als «JHWH» in vielen nichtpriesterlichen Textanteilen abhebt. Hinzu tritt eine eigene schulsprachliche und theologisch-konzeptionelle Prägung, die die Identifizierung sichert.[104]

Inwiefern ist nun die Priesterschrift für die Frage von Theologie im Alten Testament von Bedeutung? Auf diese Frage sind mehrere Antworten zu geben. Zunächst einmal scheint sie – zumindest zu wesentlichen Teilen – ver-

---

102 Vgl. Zahn, Rethinking, S. 27f.
103 Vgl. die Diskussion bei Wöhrle, Fremdlinge, S. 12–22.
104 Was ihren Umfang betrifft, so dürfte sie ihr ursprüngliches Ende in der Sinaiperikope gefunden haben, wenn auch die genauen Bestimmungen hierfür variieren (vgl. zuletzt die Diskussion bei Ska, Histoire, der sich selbst für ein – nicht hervorgehobenes – Ende bei Num 27 ausspricht). Darauf deutet einerseits das sachliche Gewicht hin, dass sie der Kultgesetzgebung am Sinai beimisst, andererseits sind auch auffällige literarische Inklusionen zwischen Schöpfung und Sinai zu beobachten, die eine Parallele zwischen der Erschaffung der Welt und der Erschaffung des Heiligtums aufbauen und so in dieselbe Richtung weisen. Die traditionelle Umgrenzung der Priesterschrift auf den Umfang des Pentateuch scheitert vor allem an der Binnenanalyse von Dtn 34 (Perlitt, Priesterschrift, anders wieder Frevel, Schöpfung). Sie war im traditionellen Quellenmodell nicht zuletzt auch von der Überzeugung gesteuert, die Konstituierung des Pentateuch müsse durch eine Quelle vorabgebildet sein und könne nicht einfach redaktionell sein.

90

antwortlich zu sein für die den Pentateuch einleitende Urgeschichte. Das ist im Blick auf die theologische Prägung des Pentateuch in doppelter Hinsicht relevant: Zum einen wird damit die nationalreligiöse Überlieferung Israels und Judas universal – und zwar sowohl in zeitlicher wie auch in räumlicher Hinsicht – kontextualisiert. Diese Ausweitung hängt naheliegenderweise mit dem Bestreben zusammen, die eigene partikulare Überlieferung in ein Verhältnis zu übergreifenden Perspektiven zu bringen, was ein im Wesentlichen von intellektuellen Erfordernissen getriebener Vorgang ist. Historisch wird er aber zudem von der mutmasslichen Entstehungssituation der Priesterschrift im babylonischen Exil verständlich: Die universale Kontextualisierung einer partikularen Überlieferung ist im Rahmen eines exilischen Standorts ohnehin naheliegend.

Zum anderen ist die Darstellung der Urgeschichte in der Priesterschrift, damit unmittelbar zusammenhängend, stark von der babylonischen Wissenschaft her geprägt. Ganz offenkundig hat die Priesterschrift versucht, sich bei ihrer Darstellung der Schöpfung auf dem damaligen Niveau des Wissens zu bewegen und mit diesem zu interagieren.[105] Die Vermittlung von religiöser Tradition mit wissenschaftlicher Erkenntnis – auch wenn diese Unterscheidung für die vorderorientalische Antike natürlich künstlich bleibt – ist ein wesentlicher Bestandteil theologischer Arbeit.

Neben diesen vor allem vom Kulturkontakt mit Babylon her bedingten Aspekten sind aber auch endogene Elemente in der Priesterschrift zu benennen, die sich vor allem auf die theologische Systematisierung vorgegebener Traditionselemente beziehen. Hier ist zunächst ihre Eigenschaft als «Grundschrift» des Pentateuch zu nennen: Trifft ihre übliche Ausgrenzung auch nur in Ansätzen Richtiges und ist die neuere Forschung mit der Auffassung im Recht, dass die Priesterschrift nicht nur in literarischer, sondern auch in konzeptioneller Hinsicht die sachliche Grundlage des Pentateuch darstellt, dann muss die Priesterschrift als eigentliche Erfinderin eines Proto-Pentateuch gelten.[106]

Damit findet sich hier – im Gegensatz zu den jeweils kontextabhängigen Fortschreibungen in der prophetischen Literatur oder auch in den älteren Teilen des Pentateuch – ein theologischer Entwurf, der sich von allem Anfang an als Neuansatz zu erkennen gibt – als ein eigener Text, der neben die bisherige Überlieferung tritt.

---

105 Vgl. Gertz, Polemik, s. auch Bauks, Welt.
106 Vgl. bes. Pury, Beginning.

Wenn es zutrifft, dass Väter- und Mose-Exodus-Erzählung erst durch die Priesterschrift kombiniert worden sind, dann geht auf sie eine der wichtigsten literarhistorischen Synthesen des Alten Testaments zurück. Eben diese sachliche Innovation dürfte auch der Grund sein, weshalb sie nicht als Fortschreibung des bestehenden Textbestandes, sondern zunächst als eigene Quellenschrift entstanden ist.[107]

Das theologische Konzept der Priesterschrift lässt sich auf weite Strecken hin verständlich machen als eine Neuinterpretation der religiösen Überlieferungen Israels und Judas im Lichte der historischen Situation ihrer frühperserzeitlichen Abfassung, die von der Erfahrung geprägt ist, dass einerseits Zerstörung und Deportation offenbar nicht das Ende der Geschichte Israels und Judas bedeuten und andererseits die neue persische Oberherrschaft als mögliche, ja gottgewollte Form der politischen Existenz Israels im Land und in der Diaspora aufgefasst werden kann.

Diese Grundposition hat sich zunächst in der Bundestheologie der Priesterschrift niedergeschlagen, die auch ihre literarische Gesamtgliederung bestimmt. Entgegen dem Votum Wellhausens, der die Priesterschrift noch als *liber quattuor foederum* einstufen wollte und ihr deshalb das Siglum Q verlieh, spricht die Priesterschrift explizit nur von zwei Bundesschlüssen, bei Noah (Gen 9) und bei Abraham (Gen 17), die die grundlegenden Setzungen Gottes für die Welt und die abrahamitischen Völker – nämlich Israel (Isaak/ Jakob), aber auch die Araber (Ismael) und die Edomiter (Esau) – formulieren. Entsprechend gliedert sich die Priesterschrift zunächst in zwei grosse Abschnitte, die man entsprechend als «Weltkreis» und als «Abrahamkreis» benennen kann. In Gen 9 stellt Gott den entspannten Kriegsbogen in die Wolken und garantiert der Schöpfung dauerhaften Bestand. Gott entsagt hier also jeglicher Gewalt, nachdem er in der zuvor erzählten Sintflut «alles Fleisch», bis auf Noah und seine Sippe, vernichtet hatte:

Gen: 6,13: Da sprach Gott zu Noah: Das Ende (*qṣ*) allen Fleisches ist vor mich gekommen; denn die Erde ist voller Frevel von ihnen. So will ich sie denn von der Erde vertilgen.

---

107 Besonders deutlich gesehen von Levin, Jahwist, S. 437 Anm. 6, der vor allem Wert auf den priesterschriftlichen Aspekt der Kultzentralisation legt, der gegenüber der vorgegebenen Überlieferung einen «literargeschichtlichen Schnitt» erforderte. Die neue Studie von Wöhrle, Fremdlinge, vertritt für die Priesterschrift – in sachlichem Anschluss an Gertz, Tradition – in Genesis 12–50 ein Redaktionsmodell, ohne aber diesen Befund für die gesamte Priesterschrift zu generalisieren, wie dies vorschnell – anhand nicht ausreichender Textbasis und der unvollständigen Diskussion gegenläufiger Befunde – Berner, Exoduserzählung, vornimmt.

Diese harte Aussage des «Endes», das «gekommen ist», ist nun nicht nur binnenpriesterschriftlich auffällig, sondern von einer bestimmten innerbiblischen theologischen Diskussion her bestimmt. Die Priesterschrift tritt hier in ein Gespräch mit der ihr vorgegebenen Gerichtsprophetie, die eben dies auch schon behauptet hatte:

> Am 8,2: Und er sprach: «Was siehst du, Amos?» Ich antwortete: «Einen Korb mit Obst (*qyṣ*).» Da sprach JHWH zu mir: «<u>Gekommen</u> ist das *Ende* (*qṣ*) für mein Volk Israel; ich will ihm nicht länger vergeben.»

> Ez 7,2f.: Du, Menschensohn, sprich: So spricht der Herr JHWH zum Lande Israels: Ein *Ende* (*qṣ*) <u>kommt</u>! Es <u>kommt</u> das Ende (*qṣ*) über die vier Säume des Landes! Jetzt <u>kommt</u> das *Ende* (*qṣ*) über dich: ich will meinen Zorn gegen dich loslassen und dich richten nach deinem Wandel und dir [die Strafe für] all deine Gräuel auflegen.

Die Priesterschrift greift so ein markantes Element der Gerichtsprophetie auf, bricht es aber urgeschichtlich um: Während Am 8 und Ez 7 das «Ende» ansagen, berichtet die Priesterschrift davon, wie dieses «Ende» zwar tatsächlich beschlossen war, aber bereits in grauer Vorzeit von Gott selbst modifiziert worden ist. Damit falsifiziert die Priesterschrift die Propheten nicht, korrigiert sie aber entscheidend.

Wie für die Welt denkt die Priesterschrift in theologisch entsprechender Weise für Israel: So wie der Noahbund den ewigen Bestand der Welt garantiert, so sichert der Abrahambund Israel fortwährende Gottesnähe – in beiden Fällen ergehen dazu keine Bedingungen.[108]

Wie vor allem Zimmerli[109] herausgestellt hat, beruht im Abrahamkreis die Nichtqualifizierung der Sinaiereignisse als Bund und die alleinige Konzentration auf den Bundesschluss mit Abraham nicht auf Zufall oder Nachlässigkeit, sondern entspricht dem theologischen Programm der Priesterschrift: Die Heilszusagen Gottes (Mehrung, Land, Gottes Nähe) sollen in der Priesterschrift gerade nicht durch den Gesetzesgehorsam Israels konditioniert sein, wie dies in der deuteronomistischen Ausgestaltung der Sinaiperikope vorgesehen ist. Vielmehr ist «Bund» für die Priesterschrift eine einseitige Heilszusage vonseiten Gottes. Wohl können Einzelne aus diesem Bund herausfallen (wenn sie etwa die Beschneidung nicht vornehmen), nicht aber die kollektiven Grössen der abrahamitischen Völker als ganze. Im Detail zeigt sich das an der bezeichnenden Adaption der sogenannten Bundesformel in

---

108 Zur Beschneidung s. Stipp, Bund.
109 Zimmerli, Sinaibund.

Gen 17,7: «dass ich dir zum Gott sei und deiner Nachkommenschaft nach dir». Die zweite Hälfte der in der deuteronomistischen Theologie beheimateten Formel («dass du mir zum Volk seist» o. ä.) fehlt hier, denn was Abraham und seine Nachkommen auch tun oder lassen werden, an der bedingungslos zugesagten Nähe Gottes ändert dies nichts.

Die Gesamtstruktur der Priesterschrift ist allerdings nicht zweiteilig, wie ihre Bundestheologie vermuten lassen könnte, sondern dreiteilig, wie ihre Gotteslehre anzeigt: Neben den sich bereits konzentrisch zueinander verhaltenden Welt- und Abrahamkreisen gibt es noch einen dritten, innersten Kreis, den Israelkreis. Obwohl die Priesterschrift mit ihrem Abrahamkreis eine «ökumenische» Theologie verfolgt, die Israeliten, Araber und Edomiter verbindet,[110] so ist für sie doch unzweifelhaft klar, dass nur Israel allein die vollkommene Gotteserkenntnis gewährt wird, sowie dass nur Israel mit der Gabe des Opferkults über ein Medium verfügt, das eine partielle Restitution der «sehr guten» Schöpfungsordnung von Gen 1 ermöglicht. Den drei Kreisen entsprechen drei Offenbarungsmodi Gottes: Der gesamten Welt gilt Gott als «Elohim». Die Priesterschrift benutzt in Gen 1(ff.) den hebräischen Gattungsbegriff für «Gott» undeterminiert wie einen Eigennamen,[111] identifiziert die Gattung «Gott» mit ihrem einzigen Inhalt und propagiert so einen inklusiven Monotheismus. Den Erzvätern Abraham, Isaak und Jakob gegenüber stellt er sich als «El Schadday» vor, während erst der Generation des Mose sein eigentlicher, kultfähiger Name enthüllt wird, nämlich «JHWH». Diese gestufte Offenbarungstheorie ist am deutlichsten in der priesterschriftlichen Darstellung der Berufung des Mose in Ex 6,2f. zu fassen:

> Ex 6,2f.: Da redete Gott mit Mose und sprach zu ihm: Ich bin JHWH. Abraham, Isaak und Jakob bin ich als ‹El Schadday› erschienen, mit meinem Namen JHWH aber habe ich mich ihnen nicht kundgetan.

Insgesamt vertritt die Priesterschrift eine ganz uneschatologische und pazifistische (und in diesem Sinn durchaus auch politische) Position, die in der perserzeitlichen Verfassergegenwart so etwas wie das gottgewollte Ziel der Geschichte erblickt.

Der eine Gott («Elohim», der durchaus unter verschiedenen Namen verehrt werden kann, so als «El Schadday» in der abrahamitischen Ökumene und als «JHWH» in Israel) herrscht über die ganze, von ihm erschaffene Welt, in der die Völker, jedes an seinem Ort, mit seiner Sprache und seinem Kult,

---

110 Vgl. de Pury, Ancestor.
111 Vgl. de Pury, Gottesname; anders Blum, Gottesname.

friedvoll auf Dauer zusammenleben. Einzig Ägypten wird in der Priesterschrift feindlich gesehen, wie aus dem Plagenzyklus sowie der Notiz Ex 12,12 zu erkennen ist. Vermutlich spiegelt sich hier die zeitgeschichtliche Abfassung der Priesterschrift noch vor der Eingliederung Ägyptens in das persische Reich unter Kambyses 525 v. Chr. Die Priesterschrift mit ihrer pazifistischen und propersischen Ausrichtung ist nachgerade das Gegenkonzept zum deuteronomistischen Traditionsstrang schlechthin[112], der die Perserzeit als grundsätzlich heilsdefizitär einschätzt: Solange Israel nicht vereint unter einem eigenen König in seinem Land in nationaler Souveränität lebt, kann Gott mit seinem Volk noch nicht am Ziel der Geschichte sein. Deshalb gilt die gegenwärtige Zeit nach wie vor als Gerichtszeit und umgekehrt heisst das natürlich, dass sich Israel nach wie vor im Status der Schuld befindet, denn Gericht ist deuteronomistisch gesehen Strafe für Schuld.

Mit dem Gegenüber von Priesterschrift und Deuteronomismus wird man eines elementaren Antagonismus ansichtig, den man im Anschluss an Plöger plakativ als das Widerstreiten von «Theokratie und Eschatologie» bezeichnet hat.[113] Die pauschale Gegenüberstellung von «Theokratie und Eschatologie» ist oft kritisiert worden, doch sollte man diese Begriffe nicht missverstehen als komplementäre Kategorien, auf die sich die perserzeitliche Literatur restlos verteilen liesse. Vielmehr handelt es sich um zwei Grundoptionen, zu denen sich einzelne Texte oder Schriften in grösserer oder geringerer Nähe oder Distanz ansiedeln lassen. Im Sinne einer heuristischen Positionsbestimmung, die allerdings differenziert werden muss, lässt sich die Unterscheidung theokratischer und eschatologischer Positionen ohne dichotomische Absichten nach wie vor in Anschlag bringen.

4. Die Theologie der Pentateuchredaktion

Die Formierung des Pentateuch als Tora ist ein Vorgang, der unter dem Aspekt von Theologie im Alten Testament fraglos relevant ist. Denn mit der Formierung der Tora stellte sich das intellektuelle Problem, divergierende Inhalte zu einem sachlichen Ganzen zu verbinden, und dies war nur möglich über den Vorgang theologischer Vermittlung. Mit der Tora entstand der Kern des nachmaligen alttestamentlichen Kanons. Was zur Bildung dieses Kerns geführt hatte, ist in der Forschung nach wie vor umstritten. Möglicherweise hat man damit zu rechnen, dass die Tora Resultat eines Vorgangs ist, der im Rahmen der persischen Reichspolitik zu interpretieren ist. Das antike Perser-

---

112 Steck, Abschluß, S. 17f. Anm. 19; Schmid, Erzväter, S. 256 Anm. 476.
113 Vgl. Plöger, Theokratie, vgl. die forschungsgeschichtliche Diskussion bei Dörrfuss, Mose.

reich kannte kein übergeordnetes Reichsrecht, sondern schien vielmehr lokale Gesetze jeweils zentral zu autorisieren. Die Tora könnte, worauf v. a. Esr 7 indirekt hinweist, aus einem solchen Autorisierungsvorgang entstanden sein: Sie stellt das Rechtsgefüge dar, das von jüdischer Seite aus vorgelegt und persischerseits autorisiert wurde. Eine solche «persische Reichsautorisation» der Tora kann weder eindeutig belegt noch widerlegt werden, sie würde aber erklären, weshalb in der Tora derart divergierende Materialien zusammengestellt worden sind: Die Tora ist ein Kompromissdokument, das die unterschiedlichen Positionen des perserzeitlichen Judentums abbildet, dessen Entstehung durch einen gewissen äusseren Druck zustande kam.[114]

Vermutlich sind schon die ersten wichtigen perserzeitlichen Formierungsstufen des Pentateuch – namentlich die Vereinigung der priesterschriftlichen und nichtpriesterschriftlichen Textanteile – im Horizont der persischen Reichspolitik zu interpretieren, besonders wichtig aber ist der spätperserzeitlich anzusetzende Abschluss der Tora, nach dem nur noch geringfügige Ergänzungen innerhalb dieses Textbereichs möglich waren. Die Datierung des Abschlusses der Tora in das ausgehende 4. Jh. v. Chr. legt sich aufgrund verschiedener Überlegungen nahe: Zunächst einmal fehlen im Pentateuch deutliche literarische Reflexe auf den Zusammenbruch des Perserreichs, wie sie mit den markanten Weltgerichtstexten im *corpus propheticum* zu finden sind (vgl. Jes 34,2–4; Jer 25,27–31; 45,4f.; Joel 4,12–16; Mi 7,12f.; Zeph 3,8)[115], entsprechend dürfte die Substanz des Pentateuch vorhellenistisch zu sein. Hinzu kommen die «Tora»-Verweise in 1–2Chr, Esr–Neh, die deren schriftliche Fixierung ebenfalls wohl noch vorhellenistisch voraussetzt. Schliesslich ist die Entstehung der Septuaginta, der griechischen Übersetzung der Tora, zu nennen, die um die Mitte des 3. Jh. v. Chr. anzusetzen ist und einen *terminus ante quem* markiert.

Der Abschluss der Tora scheint sich nun literarisch in einer spezifischen Pentateuchredaktion, die ein distinktes theologisches Profil in den Pentateuch eingetragen hat, niedergeschlagen zu haben.[116] Kriterien für eine Identifizierung entsprechender Texte finden sich vor allem darin, dass diese einen pentateuchweiten Horizont aufweisen und ein redaktionelles Interesse an der Konstitution des Pentateuch als Tora zeigen müssen. In der Tat finden sich im Pentateuch solche textliche Elemente, zu fassen erstens in der Aussagenreihe der eidlichen Landverheissung an Abraham, Isaak und Jakob, die den Pentateuch durchzieht, von Josua an sich aber nicht mehr belegen lässt, zwei-

---

114 Vgl. zur Diskussion Watts, Persia; Schmid, Abschluss.
115 Vgl. Schmid, Buchgestalten, S. 305–309.
116 Vgl. zum Folgenden detailliert Schmid, Abschluss.

tens in der Passage Dtn 34,10–12, die offenkundig im Dienst des Interesses steht, die Tora als «Erzprophetie» Moses von den nachfolgenden «Prophetenbüchern» von Josua bis Maleachi abzusetzen, und schliesslich drittens im Motiv des Todes von Mose im Alter von 120 Jahren laut Dtn 34,7, das auf die Bestimmung von Gen 6,3 zurücklenkt und gleichzeitig einen Ausgleich zwischen deuteronomistischer und priesterschriftlicher Schuldtheologie im Sinne eines dritten Weges formuliert: Mose stirbt weder aufgrund der Kollektivverantwortung des Volkes Israel (vgl. Dtn 1,34–37; 3,25–27) noch aufgrund persönlicher Schuld (vgl. Num 20,1–13), sondern aufgrund des Verhängnisses, dass seine Lebenszeit von 120 Jahren vor dem Eintritt ins Gelobte Land abgelaufen ist.

Die eidliche Landverheissung an Abraham, Isaak und Jakob – ohne deren explizite Näherbestimmung als «Väter» –, findet sich im Pentateuch in Gen 50,24; Ex 32,13; 33,1; Num 32,11; Dtn 34,4.[117] Nimmt man den sachlich verwandten Beleg Lev 26,42 hinzu, so ist dieses Theologumenon das einzige, das alle fünf Bücher des Pentateuch durchzieht und – das ist in diesem Zusammenhang besonders auffällig – danach, in Jos–2Kön, nicht mehr zu belegen ist. Es liegt also schon von diesen allgemeinen Beobachtungen her auf der Hand, bei diesen Texten an Bestandteile einer Pentateuchredaktion zu denken.

Gestützt wird diese Vermutung dadurch, dass der letzte dieser Belege, Dtn 34,4, eine klare Inklusion zurück auf das Verheissungsnetzwerk von Gen 12f. (vgl. bes. Gen 12,2 und 13,15) schlägt, also auf den Anfang des Israel-Pentateuch. Theologisch akzentuiert dieses erste Motiv der eidlichen Landverheissung an Abraham, Isaak und Jakob den Diaspora-Charakter der Tora, der sich ohnehin daraus ergibt, dass sie erzählerisch vor dem Eintritt Israels in das Gelobte Land endet. Die Tora ist die Gründungsurkunde eines «exilischen» Israel, eines Volkes, dessen Geschichte ausserhalb seines Landes beginnt und sich in der Lesergegenwart auch zu erheblichen Teilen ausserhalb dieses Landes abspielt. Die Tora erhält dadurch eine eminent «prophetische» Note.

Dtn 34 ist nicht nur aufgrund von V.4 als pentateuchredaktionell geprägt anzusprechen, sondern auch von V. 10[118]: Mose wird hier grundsätzlich von den Propheten abgesetzt und als Erzprophet dargestellt, dem keiner von den späteren Propheten mehr gleichkam. Dtn 34,10 will Mose von den nachfolgenden Propheten trennen; und diese Trennung von «Mose» und den

---

117 Vgl. Schmid, Erzväter, S. 296–299, basierend auf Clines, Theme; Römer, Väter, S. 554–568.
118 Vgl. z.B. Blenkinsopp, Prophecy, S. 80–95; Gunneweg, Gesetz.

«Propheten» ist eine Argumentation, die am einfachsten kanontechnisch erklärt werden kann: Mose muss dann von den «Propheten» abgesetzt werden, wenn die Tora den «Propheten» (d. h.: den prophetischen Büchern Jos–Mal, also dem Kanonteil «Propheten») qualitativ übergeordnet werden soll.

In diese sachliche Perspektive fügen sich auch die Folgeaussagen in V. 11f. ein:

> Und es stand kein Prophet in Israel mehr auf wie Mose, den er [sc. JHWH] von Angesicht zu Angesicht gekannt hat, in Bezug auf all die *Zeichen und Wunder* (vgl. Dtn 6,22; 28,6 u. ö.), mit denen ihn JHWH gesandt hat, dass er sie *im Lande Ägypten am Pharao, an allen seinen Dienern und an seinem ganzen Lande* tue, und in Bezug auf die *starke Hand* und all den *grossen Schrecken* (vgl. Dtn 4,34; 26,8; Jer 32,21), den Mose vor den *Augen ganz Israels* getan hat.

An dieser Passage fällt auf, dass hier in ausgesprochen kühner Weise Gottesprädikationen auf Mose übertragen werden: «Zeichen und Wunder» soll Mose getan haben, «die starke Hand» und der «grosse Schrecken» sind hier Mose-Attribute.[119] Traditionell weist die Überlieferung dies Gott, und zwar Gott allein zu. Mose wird also durch Dtn 34,11f. so weit wie möglich in die Nähe Gottes gerückt – offenbar deshalb, um so seine Eigenschaft als «Erzprophet» zu begründen.

Möglicherweise ist auch das im Alten Testament ganz singuläre Motiv von Moses Begräbnis *durch Gott selbst* (34,6), das schon der Samaritanus korrigiert hat («sie begruben ihn» statt «er begrub ihn»), von dieser Aussageabsicht gesteuert: Auch hier wird Mose in eine intime und analogielose Nähe zu Gott gerückt.

Dieser Vorgang der «Theologisierung» des Mose wird am ehesten verständlich aus dem Bestreben, der Tora («Mose») einen autoritativen Status zu verleihen. «Mose» wird deshalb in eine enge Verbindung zu Gott gebracht, damit die Tora über eine entsprechende Autorität verfügen kann.

Schliesslich zeigt die Feststellung in Dtn 34,7, dass Mose im Alter von 120 Jahren gestorben sei, deutlich Anzeichen impliziter Theologie. Sie wird durch die erstaunliche Aussage präzisiert, dass er bei bester Gesundheit gewesen sei («seine Augen waren nicht trübe geworden, und seine Frische war nicht gewichen»). Weshalb betont Dtn 34,7 gegen den Erzählablauf (vgl. Dtn 31,1f.) die intakte Gesundheit Moses? Dtn 34,7 ist schon von Josephus[120] mit Gen 6,3

---

119 Vgl. etwa Mayes, Deuteronomy, S. 414; Olson, Deuteronomy, S. 169f; Nocquet, Mort; differenzierend Chapman, Law, S. 126f. Noquet (Mort, S. 152) weist für die «question de l'identification de Dieu et de Moïse» zusätzlich auf Ex 4,16; 14,30; 33,11; Num 12,6–8 hin.

120 Ant. I, 152; III, 95; IV, 176–193; vgl. dazu Haacker/Schäfer, Traditionen, S. 148.

in Verbindung gebracht worden, was für den biblischen Text aufgrund des Motivs der «120» Jahre als Lebensdauer selber ohne weiteres naheliegt.

Und JHWH sprach: Mein Geist soll nicht immer auf dem Menschen liegen, da auch er Fleisch ist, und seine Lebenszeit sei 120 Jahre.

Die Betonung von Moses Gesundheit in Dtn 34,7 muss demnach so verstanden werden: Mose stirbt in Dtn 34 aus keinem anderen Grund als demjenigen, *dass seine Lebenszeit entsprechend der Begrenzung von Gen 6,3*[121] *abgelaufen ist.*

Dieser Rückbezug von Dtn 34,7 auf Gen 6,3 konstituiert eine weitere Inklusion um die Tora herum, die vom Toraschluss in Dtn 34 nun nicht nur – wie Dtn 34,4 – auf den Beginn der Vätergeschichte in Gen 12f. zurückschlägt, sondern in die biblische Urgeschichte hineinreicht.[122] Das ist mehr als ein nur formaler Befund, diese Inklusion kann vielmehr auf ihre sachliche Intention hin analysiert werden und zeigt hier ein deutliches theologisches Profil. Denn die Feststellung, dass Mose in Dtn 34,7 aus dem einfachen Grund sterben muss, weil seine Lebenszeit abgelaufen ist – und nicht aufgrund einer wie auch immer gearteten Schuld, wie sie die Pentateuchüberlieferung anderwärts kennt (vgl. Num 20,12 und Dtn 1,34–37; 3,25–27), ist eine alternative theologische Erklärung dafür, weshalb Mose nicht in das Gelobte Land hinübergehen darf: Während die priesterschriftlich geprägte Überlieferung in Num 20,12 davon ausgeht, dass Mose sich durch sein Schlagen auf den Felsen dem Auftrag durch Gott (20,8), der ein Wortwunder beinhaltete («Rede mit dem Felsen [...]»), entgegenstellte und womöglich zudem beim Schlag auf den Felsen nicht damit rechnete, dass er so Wasser hervorbringen könne[123], und Mose sich so des Unglaubens schuldig machte, schliesst die «deuteronomistische» Traditionsbildung Mose in die Kollektivschuld des Volkes mit ein: «Auch über mich wurde JHWH zornig *wegen euch.*»[124] Beide «Erklärungen» rechnen mit einer Schuld Moses, sei sie nun – priesterlichem Denken entsprechend – individueller oder – eher deuteronomistisch konzipiert – kollektiver Natur. Demgegenüber ergreift Dtn 34,7 nicht

---

121 Zur konkreten Zahl 120 vgl. die Überlegungen bei Kvanvig, Event, S. 99. Eine ähnliche, aber quellenkritische Interpretation zu Dtn 34,7 bietet Yoo, Accounts.

122 Vgl. aber auch die thematischen Bezüge zwischen Gen 6,5–8; 8,20–22 («böses Herz») und Dtn 30,6 («Beschneidung des Herzens»), auf die Krüger aufmerksam gemacht hat (vgl. Krüger, Herz).

123 Die – wohl aus Ehrfurcht vor Mose bewusst undeutlich gehaltene – Aussage in Num 20,10 wäre dann so zu deuten: «Sollten wir etwa aus diesem Felsen für euch Wasser hervorbringen können?» Vgl. zur Diskussion weiter Artus, Etudes, S. 235 Anm. 107; Nihan, Mort.

124 Vgl. Dtn 1,36 und 3,26.

nur für keine der beiden Deutungen Partei[125], sondern bietet darüber hinaus eine eigene Interpretation: Mose darf nicht in das Gelobte Land hineingehen, weil just am Tag vor dem Eintritt die 120 Jahre seines Lebens abgelaufen sind. Moses Tod im Ostjordanland beruht nach Dtn 34,7 nicht auf einer Verschuldung Moses, sondern auf einem Verhängnis – der göttlich verfügten Limitierung der menschlichen Lebenszeit.

Hinter Dtn 34,7 und dem dort angezeigten Rückverweis auf Gen 6,3 lässt sich also eine Pentateuchtheologie im engeren Sinn erblicken: Der Pentateuch vertritt – aus der Sicht des Pentateuchredaktors – eine Gesetzestheologie, die Schuld nicht allein in menschlicher Verfehlung begründet sieht, sondern als Strafe interpretierbare Vorgänge auch auf schicksalshafte Verfügung zurückführt.

VI Theologie im Psalter

1. Die Toraförmigkeit des Psalters

Der Psalter hat in seiner Literaturgeschichte verschiedene Formierungsgänge durchlaufen.[126] Seine vorliegende Gestalt verdankt sich einer Fünfteilung – wahrscheinlich ist der Psalter dabei in Analogie zur Tora gesehen –, die durch die vier Doxologien Ps 41,14; 72,18f.; 89,53; 106,48 etabliert wird.[127] Diese «Toraförmigkeit» des Psalters wird zudem durch seine Einleitung Ps 1, die das Studium des Psalters als Torastudium qualifiziert, sowie Ps 119 hervorgehoben. Angesichts der in Qumran noch stark divergierenden Gliederungen des Psalters und der theologischen Nähe der Rahmung des Gesamtpsalters in Ps 1–2 und 146–150 mit zeitgenössischen nichtessenischen Weisheitstexten (Book of Mysteries [1Q27; 4Q299–301]; 1Q/4QInstruction) stammt diese Fünfteilung kaum aus der Zeit vor dem 2. Jh. v. Chr.[128] Augenfällig ist aber dabei das theologische Bestreben, die liturgisch geprägte oder doch in dieser Weise inspirierte Überlieferung des Psalters mit der Tora formal und inhaltlich abzugleichen.

125 Vgl. Römer, Deuteronomium, S. 169f; Römer/Brettler, Deuteronomy, S. 408.
126 Vgl. zur jüngsten Diskussion die Beiträge in Flint/Miller, Book sowie in Zenger, Composition, darin besonders sein eigener Beitrag Psalmenexegese.
127 Kratz, Tora.
128 Vgl. Lange, Endgestalt; Leuenberger, Konzeptionen; Leuenberger, Aufbau.

2. Die Ausrichtung des Psalters an der Theologie der Chronik

Entsprechend den literarisch greifbaren Themenschwerpunkten der fünf Bücher, aber auch entsprechend dem Inhalt der mit den Doxologien verbundenen Psalmen 41, 72, 89 und 106 lässt sich hinter der jetzt vorliegenden Gliederung des Psalters ein Bild der Geschichte Israels erkennen, das zunächst die Epochen Davids (1–41) und Salomos (42–72), dann die Königszeit (73–89) und das Exil (90–106) evoziert, um abschliessend in ein Bild zu münden, das sich mit der Restauration in Verbindung bringen lässt (107–150).

David:	Salomo:	Königszeit:	Exil:	Restauration:
I	II	III	IV	V
(Ps 1–41)	(Ps 42–72)	(Ps 73–89)	(Ps 90–106)	(Ps 107–150)
Ps 41,14	Ps 72,18f.	Ps 89,53	Ps 106,48	Ps 146–50
Gepriesen sei	Gepriesen sei	Gepriesen sei	Gepriesen sei	
JHWH, *der Gott*	JHWH, *der Gott*	JHWH	JHWH, *der Gott*	
Israels,	*Israels,* der allein Wunder tut! Und gelobt sei sein herrlicher Name **in**		*Israels,*	
von Ewigkeit zu Ewigkeit!	**Ewigkeit,** alle Lande sollen seiner Herrlichkeit voll werden!	**in Ewigkeit!**	**von Ewigkeit zu Ewigkeit!**	
			Und alles Volk	
Amen, Amen!	Amen! Amen!	Amen, Amen.	spreche: Amen! *Halleluja!*	Ps 150,6: *Halleluja!*

Es ist unschwer zu erkennen, dass dieses implizite Geschichtsbild des Gesamtpsalters in grosser Nähe zur Theologie der Chronik steht: Die massgebliche Stiftungszeit des in der Jerusalemer Kultgemeinde zentralisierten Israel ist die Epoche Davids und Salomos, die innerhalb der Chronik weitaus am meisten Platz beansprucht (1Chr 11–2Chr 9). David und Salomo als Tempelgründer bzw. Tempelerbauer sind die zentralen Gestalten der Geschichte Israels, vermutlich sind sie in ihren Funktionen auch auf die Perserkönige Kyros und Dareios zu deuten, denen im Blick auf den zweiten Tempel vergleichbare Funktionen zugekommen sind.

Mit der Chronik vertritt der fünfteilige Psalter – im Anschluss an die theologische Position der in Buch IV und V vereinigten Einzelpsalmen[129] – das Bild einer befriedeten Welt unter der Herrschaft JHWHs, der sie elementar versorgt, und innerhalb derer kein grundlegender Umsturz der Verhältnisse mehr zu erwarten ist. Dass sich dieses Bild intendierter Theologisierungsprozesse verdankt, liegt aufgrund des Umstands auf der Hand, dass es sich aus einer bestimmten kompositionellen Zusammenschau von Einzelpsalmen ergibt. Die Zielperspektive des Psalters ergibt sich aus einer reflektierenden Synthese vorgegebener Einzeltexte.

Diese pazifistische Position der Gesamtkomposition des Psalters ist nur durch sehr späte Psalmen wie Ps 102 oder Ps 149 noch einmal relativiert worden, die ein kommendes Gericht an JHWHs Feinden erwarten.[130] Diesen Vorgang kann man als eine theologische Korrektur an einer vorliegenden theologischen Gesamtperspektive charakterisieren.

VII Theologisierungsprozesse bei der Formierung des Kanons

Theologisierungsprozesse haben sich auch bei der literarischen Formierung grösserer Textkomplexe abgespielt, die sich später zu den Teilen des Bibelkanons entwickelt haben. Es ist hier nicht der Ort, die zahlreichen und breit diskutierten Probleme der Kanonsgeschichte nachzuzeichnen.[131] Doch es sind einige grundlegende Aspekte zu besprechen, bei denen sich kanongeschichtliche Vorgänge als Theologisierungsprozesse beschreiben lassen.

---

129 Vgl. Leuenberger, Konzeptionen.
130 Vgl. zu Ps 102 Bosshard-Nepustil, Ferne, zu Ps 149 Leuenberger, Schwert.
131 Vgl. dazu (in Auswahl) Assmann, Stufen; Barton, Significance; Becker, Grenzziehungen; Beckwith, Testament; Carr, Canonization; Collins, Canon; Crüsemann, Vaterland; Dempster, Torah; Lang, Writings; McDonald, Canon; Steck, Kanon; Steinberg, Ketuvim; Trebolle Barrera, Origins; Ulrich, Process; Ulrich, Non-Attestation; VanderKam, Questions. Die Hebräische Bibel und das Alte Testament sind in unterschiedlicher Weise konstituiert worden, wobei in beiden Fällen kein eigentlicher Abschlussvorgang greifbar ist. Besonders deutlich ist dies beim Alten Testament zu erkennen, dessen Kernbestand (die Schriften der Hebräischen Bibel) zwar von allen Kirchen gleicherweise anerkannt wird, darüber aber in den unterschiedlichen Denominationen verschiedene zusätzliche Bücher, z.T. in kanonischer Abstufung, kennt. Eine wirkliche amtskirchliche Kanonsentscheidung hat im Bereich des Christentums allein die römisch-katholische Kirche auf dem Tridentinum 1545, in gegenreformatorischer Absicht, getroffen (vgl. Bedouelle, Canon). Bei der Hebräischen Bibel entsteht zunächst ein einheitlicherer Eindruck, doch ist festzuhalten, dass zum einen ihr Text nicht einheitlich fixiert worden ist und zum anderen die Situation im 1. Jahrtausend möglicherweise auch im Judentum diversifizierter gewesen ist als bisher angenommen (Mendels/ Edrei, Diaspora).

Mit der Formierung der Tora geht die entsprechende rezeptionelle Wahrnehmung der in Jos–Mal gesammelten Prophetie als deren Anwendung und Auslegung einher. Der Abschluss der Nevi'im (Jos–Mal) seinerseits führte zur Ausbildung einer eigenen Kommentarliteratur, wie sie v. a. in den Pescharim aus Qumran greifbar wird. Die Formierung der Ketuvim schliesslich, die in vergleichsweise lockerer Fügung erfolgte (die Reihenfolge der Schriften variiert etwa in den Handschriften sehr stark), setzt den Abschluss von Tora und Neviim gleicherweise voraus und schliesst in der Sache an beide Traditionscorpora an, die als alltagstauglich interpretiert werden. Diese Entwicklungen sollen im Folgenden etwas näher dargestellt werden.

1. Die Formierung der Tora und die Etablierung der Prophetie als deren Kommentar

Der Abschluss der Tora als einer sachlich und literarischen Textgrösse, die eine gewisse Normativität beansprucht,[132] lässt sich in die spätpersische Zeit ansetzen, d. h. das ausgehende 4. Jh. v. Chr.[133] Die Formierung der Tora ist nun für die Frage von Theologie im Alten Testament nicht nur in der Hinsicht von Bedeutung, welche Sachprofile sich bei ihrer Endredaktion erkennen lassen (s. o.). Ebenso bedeutsam ist, dass in ihrem Gefolge externe Auslegungstexte entstehen. In erster Linie ist hier die Reinterpretation der Vorderen (Jos–2Kön) und Hinteren Propheten (Jes–Mal) als Kommentar zur Tora zu nennen, die sich in verschiedenen Schritten abgespielt haben dürfte. Selbstverständlich ist die literarische Substanz von Jos–2Kön und Jes–Mal älter als die Formierung der Tora, doch in deren Gefolge sind diese Textbereiche offenkundig theologisch überarbeitet und neu ausgerichtet worden.

Augenfälligster Ausdruck dieser Entwicklung ist zunächst der Rekurs auf die «Tora Moses» o. ä. an mehreren Stellen im Bereich von Jos–2Kön (Jos 8,31f.; 23,6; 1Kön 2,3; 2Kön 14,6; 18,6[.12[134]]; 21,8; 22,8–13; 23,25) sowie in Mal 3,22 in den Prophetenbüchern (vgl. Dan 9,11). Offenbar ist damit die schriftlich fixierte Tora von Gen–Dtn im Blick, die nun als Massstab des Handelns der Könige und des Volkes in der Geschichte gelten soll (bzw. gegolten haben sollte). Historisch ist das natürlich ein Anachronismus, doch

132 Der Begriff «Kanon» lässt sich hierfür noch nicht verwenden, vgl. Schmid, Abschluss.
133 Vgl. zuletzt Fantalkin/Tal, Canonization, s. auch Schmid, Reichsautorisation; Schmid, Abschluss und o., S. 96, Anm. 114.
134 Für die Tora-Perspektive von 2 Kön 18,(5–)12, die Israel am mosaischen Gesetz misst, hat Aurelius zeigen können, dass diese eine Eröffnungsszene in Ex 19,3b–8 hat, die Israel zum einem Volk von «Priestern» erklärt; vgl. Aurelius, Zukunft, S. 95–110.141–168.

hat man nach der Formierung der Tora diese als Massstab in der Geschichte aufgefasst – in Weiterentwicklung der älteren deuteronomistischen Deuteperspektiven in Jos–2Kön oder Büchern wie Am oder Jer, die allgemeiner das Gesetz oder den Willen JHWHs als Kriterium von geschichtlich erfahrbarem Heil und Unheil bestimmten.

Besonders wichtig ist aber die durch Jos 1,7.9 und Mal 3,22–24 geschaffene Inklusion um den gesamten Kanonteil Nevi'im (Jos–Mal), die ihn zum einen der Tora subordiniert und zum anderen der Leserschaft als dessen Auslegung präsentiert:[135]

Jos 1,7f..13: Nur sei recht fest und unentwegt, genau zu tun nach allem, was dir mein *Knecht Mose* geboten hat. Weiche nicht davon, weder zur Rechten noch zur Linken, auf dass du Erfolg hast auf allen deinen Wegen. Von diesem Buch der *Tora* sollst du allzeit reden und darüber nachsinnen Tag und Nacht, dass du genau tust nach allem, was darin geschrieben steht; denn alsdann wird es dir auf dienen Wegen gelingen und wirst du Glück haben. […] *Gedenket* dessen, was euch *Mose, der Knecht JHWHs, geboten* hat: JHWH, euer Gott, schafft euch Ruhe und gibt euch dieses Land.	Mal 3,22: *Gedenkt der Tora Moses, meines Knechts*, dem ich am Horeb für ganz Israel Satzungen und Rechte *geboten* habe.

Mit dem Vorverweis im ersten auf das letzte Kapitel von Nevi'im und *vice versa* dem Rückverweis im letzten auf das erste Kapitel wird deutlich, dass auf der Ebene dieser Deutepassagen das gesamte dazwischenstehende Textgut von Jos–2Kön als gelungene oder gescheiterte und auch künftig gültige Beachtung der Tora gesehen ist.

2. Die Ketuvim als Auslegung von Gesetz und Propheten

Der spätere dritte Kanonsteil der Ketuvim verfügt zwar nicht über eine Rahmung wie Nevi'im – dazu ist die Bücherfolge von Ketuvim auch zu variabel in der Textüberlieferung –, aber doch über eine programmatische Einlei-

---

135 Rudolph, Haggai, S. 290–293. Vgl. auch Schmid, Formation.

tung.[136] In der Mehrzahl der bezeugten Anordnungen der Hebräischen Bibel eröffnet der Psalter und in ihm Ps 1[137] die Ketuvim:[138]

«Wohl dem,
der nicht dem Rat der Frevler folgt
und nicht auf den Weg der Sünder tritt,
noch sitzt im Kreis der Spötter,
sondern seine Lust hat an der Weisung JHWHs
und sinnt über seiner Weisung Tag und Nacht.
Der ist wie ein Baum,
gepflanzt an Wasserbächen;
er bringt seine Frucht zu seiner Zeit,
und seine Blätter welken nicht.
Alles, was er tut, gerät ihm wohl.
Nicht so die Frevler;
sie sind wie Spreu,
die der Wind verweht.
Darum werden die Frevler nicht bestehen im Gericht,
noch die Sünder in der Gemeinde der Gerechten.
Denn JHWH kennt den Weg der Gerechten,
der Weg der Frevler aber vergeht.»

Psalm 1 hält fest: Wer sich an der Weisung («Tora») orientiert, dessen Leben wird gelingen. Die Tora heisst hier wohl nicht ohne Bedacht Tora JHWHs (und nicht Tora Moses), damit wird der Sprachgebrauch der Chronik aufgegriffen. Klar ist mit dieser Aussage, dass sich Ps 1 der Tora subordiniert; sie ist die Grösse, an der sich der Fromme zu orientieren hat. Neben diesem expliziten Oberflächenverweis gibt es aber auch implizite Verweise in Ps 1, die sich spezifisch kanonstheologisch auswerten lassen: Ps 1 greift zunächst den soeben angesprochenen Eröffnungstext von Nevi'im (Jos 1,8) auf, wo Gott nach dem Tod Moses zu Josua spricht:

Dieses Buch der Weisung soll nicht von deinen Lippen weichen, und du sollst sinnen über ihm Tag und Nacht, damit du alles hältst, was darin geschrieben steht; denn dann wird es dir auf deinen Wegen gelingen und dann wirst du Erfolg haben.

---

136 Vgl. dazu Schmid, Kanon, S. 532–534.
137 Vgl. Kratz, Tora; Zenger, Psalter.
138 Eigens dafür hergestellt scheint Ps 1 nicht geworden zu sein, Ps 1 ist älter als die mutmassliche Formierung von Neviim, die nicht vor das 1. Jh. n. Chr. zurückreicht. 4QFlor 3,14 kennt jedenfalls Ps 1 bereits (ebenso wie 3,18 Ps 2). Manche Handschriften zu Act 13,33 zitieren auffälligerweise Ps 2,7 als Aussage des «ersten» Psalms. Vgl. Maier, Psalm.

Ps 1 setzt mit diesem Rückbezug seine Leser, und zwar jeden Leser, zurück in die Position Josuas unmittelbar nach dem Tod Moses. Man kann sogar sagen: Ps 1 schraubt einerseits die Heilsgeschichte Israels zurück auf die Zeit vor der Landnahme, so dass für das Individuum wieder alle Chancen offen sind, und Ps 1 nimmt nun andererseits jeden Einzelnen in die Verantwortung: *Jedem* ist die Toraobservanz aufgetragen, an der das Junktim mit dem Wohlergehen hängt – nicht nur den Führern wie Josua oder den Königen.

Dass Ps 1 als Kopfstück von Ketuvim an den Anfang (Jos 1) und nicht an das Ende des Kanonteils Nevi'im anknüpft, bedeutet weiter, dass Ketuvim in der Sicht von Ps 1 eine eigene, neben- und nicht nachprophetische Interpretation der Tora liefert. Wie Norbert Lohfink betont hat[139], ist die Logik des dreiteiligen Kanons eben nicht linear aufgebaut in dem Sinne, dass Tora, Neviim und Ketuvim sukzessive aneinander anschlössen. Gerade Texte wie Ps 1 zeigen, dass Ketuvim selber wiederum einen unmittelbaren Torabezug herstellen kann, nachgerade unter Auslassung von Neviim.

Stützen lässt sich dies durch eine zweite innerbiblische Aufnahme in Ps 1. Das Bild des Baumes an den Wasserbächen ist offenbar Jer 17,7f. entnommen.[140]

> Gesegnet ist der Mann, der auf JHWH vertraut und dessen Hoffnung JHWH ist! Er wird sein wie ein Baum, der am Wasser gepflanzt ist, der nach dem Bach seine Wurzeln ausstreckt. Er hat nichts zu fürchten, wenn die Hitze kommt, seine Blätter bleiben grün; auch im Jahr der Dürre ist er nicht besorgt, er hört nicht auf, Frucht zu bringen.

Mit der Aufnahme von Jer 17,8 in Ps 1 wird die Gerichtsprophetie Jeremias für die Ketuvim grundsätzlich relativiert: Wer sich entsprechend Ps 1 verhält, braucht auch ein Gericht, wie Jeremia es angekündigt und durchlitten hat, nicht zu fürchten, denn es wird nicht stattfinden (oder genauer nach Ps 1: Es wird nicht stattfinden für den Torafrommen, wohl aber für die Frevler).

Die Aufnahmen von Jos 1 und Jer 17 bedeuten nun aber nicht, dass damit die übergreifende Geschichtstheologie von Nevi'im *in jeder Hinsicht* ausser Kraft gesetzt wäre. Vielmehr behauptet Ps 1, dass diese übergreifende Geschichtstheologie auf der Ebene des individuellen Verhaltens des Frommen keine determinierende Wirkung hat.

Von dieser Perspektive her lassen sich vor allem die weisheitlichen Schriften der Ketuvim als exemplarische Anweisungen eines schriftgemässen

---

139 Lohfink, Tod.
140 Vgl. Janowski, Freude, S. 24f.

Lebens verstehen: Psalmen, Sprüche, Hiob, Kohelet usw. zeigen – kanonisch gelesen –, wie sich der Fromme zu verhalten hat und wie er dadurch das Leben gewinnen kann, und zwar auch gegen alle Lebenswidrigkeiten, die etwa Hiob kennt und nennt. Insgesamt kann man die neue kanonische Logik der Abfolge von Gesetz, Propheten und Schriften als eine grosse «Enteschatologisierung» des zuvor vorliegenden Zusammenhangs von Gesetz und Propheten beschreiben, der die Anwendung der Tora in der Geschichte aufzeigte. Im Vordergrund steht nicht mehr der geschichtliche Weg Gottes mit seinem Volk, sondern der Einzelne und sein Wohl und Heil im täglichen Leben.[141]

VIII Theologische Auslegungsliteratur aus der Zeit des Zweiten Tempels

1. Die Mosaisierung der Genesis im Jubiläenbuch

In der antiken jüdischen Literatur des 2. Jh. v. Chr. sind Schriften entstanden, die dem theologischen Bestreben gewidmet sind, sachliche Schwierigkeiten in der vorgegebenen Tradition zu bearbeiten und zu lösen. Zu ihnen gehört insbesondere das Jubiläenbuch, oft auch «kleine Genesis» genannt. Es bietet eine Nacherzählung von Gen 1 bis Ex 24 unter dem Gesichtspunkt, wie die Vorväter Israels ohne Gesetz dieses gleichwohl halten konnten. Eingekleidet ist diese Nacherzählung in einen narrativen Rahmen, in dem ein Engel Mose dies am Sinai erklärt. Das Aussageinteresse des Jubiläenbuchs liegt deutlich in einer Mosaisierung der Ur- und Vätergeschichte, die so auch von der Toratheologie der mit Exodus einsetzenden Moseerzählung eingeholt werden soll. Das Jubiläenbuch löst dieses Problem über «Tafeln des Himmels», die den Vätern der Genesis gezeigt wurden, aufgrund derer sie gesetzeskonform leben konnten.

Dabei finden sich Anzeichen, dass diese offenbarungstheologische Lösung der «Tafeln des Himmels» auf einer nachträglichen Interpretation beruht.[142] Die Grundschicht des Jubiläenbuchs hat den Gesetzesgehorsam der Vätergestalten möglicherweise noch so verstanden, dass diese in intuitiver Weise das Gesetz – im Sinne eines natürlichen Gesetzes – befolgt hätten, was dann zu einer explizit gesetzestheologischen Nachinterpretation geführt habe.

---

141 Eine gewisse Gegenbewegung dazu markiert erst die in manchen Handschriften (auch in der Biblia Hebraica Stuttgartensia [BHS] gegenüber dem zugrunde liegenden Codex B 19A) vorgenommene Schlussstellung der Chronik in Ketuvim, die mit dem Kyrosedikt 2Chr 36,22f. und dem letzten Wort w^{e}ya'al («und er ziehe hinauf») die Hoffnung auf einen letztgültigen Exodus und Tempel implizieren.

142 Vgl. Kugel, Figure. Vgl. zur Literarkritik im Jubiläenbuch weiter Segal, Book.

Folgt man dieser Annahme, dann wäre das selbst von einer grundsätzlich theologischen Frage getriebene Jubiläenbuch – wie konnte das Gesetz bereits vor seiner Promulgation durch Mose in Geltung stehen? – im Zuge einer sich daraus ergebenden theologischen Folgefrage – wie explizit konnte das Gesetz vor Mose sein? – bearbeitet worden. Doch auch ohne die Unterscheidung von «natürlichem» und «geoffenbartem» Gesetz tritt die theologische Ausrichtung des Jubiläenbuchs deutlich zutage.

2. Das Aufkommen von Prophetenkommentaren

Nach dem Abschluss der Prophetie begannen eigene Prophetenkommentare, sogenannte Pescharim, zu entstehen, von denen einige aus den Schriftfunden von Qumran bekannt geworden sind, die zwischen 1947 und 1955 entdeckt wurden und auf die Zeit zwischen 200 v. und 68 n. Chr. zurückgehen.[143]

Bemerkenswert ist, dass zur Tora offenbar keine Pescharim hergestellt worden sind[144], sondern nur zu den Prophetenbüchern und den in Qumran wohl ebenfalls als «Prophetie» (11QPs^a 27,11) geltenden Psalmen.[145]

Die Pescharim gehen jeweils dem Text eines biblischen Prophetenbuchs entlang und legen dessen Aussagen auf die eigene Gegenwart des 2. Jh. v. Chr. hin aus. Besonders gut erhalten geblieben ist der Kommentar zum biblischen Habakukbuch. In dessen siebter Spalte heisst es:

«Und Gott sprach zu Habakuk, aufzuschreiben, was da kommt über die letzte Generation, doch die Vollendung der Zeit hat er ihm nicht kundgetan. Und wenn es heisst: *damit man sie geläufig lesen kann* (Hab 2,2), so geht seine Deutung auf den Lehrer der Gerechtigkeit, dem Gott kundgetan hat die Gesamtheit der Mysterien der Worte seiner Diener, der Propheten. *Denn noch ist der Offenbarung ihre Frist gesetzt, doch sie drängt zum Ende und trügt nicht* [Hab 2,3]. Seine Deutung ist, dass die letzte Zeit sich in die Länge zieht und zwar mehr als alles, was die Propheten gesagt haben, weil die Mysterien Gottes wundersam sind.» (1QpHab 7,1ff.)

In Kursive wiedergegeben sind die Zitate aus dem biblischen Buch, in Normalschrift erscheint die Auslegung des Habakuk-Kommentars aus Qumran. An dieser Deutung sind nun zwei Aspekte besonders bemerkenswert.

Zum einen ist erkennbar, dass der Habakuk-Kommentar die Prophezeiungen Habakuks, der biblisch gesehen in der babylonischen Zeit anzusiedeln

---

143 Charlesworth, Pesharim; Metzenthin, Jesaja-Auslegung.
144 Kontrovers diskutiert werden Texte wie 4Q180, 4Q252 und 4Q464, s. Tzoref, Pesher; Charlesworth/Elledge, Exposition.
145 Vgl. Horgan, Pesharim.

ist, auf die eigene Zeit der Gemeinschaft von Qumran im 2. Jh. v. Chr. bezieht. Das geht explizit aus der Deutung von Hab 2,2 hervor: «[...] so geht seine Deutung auf den Lehrer der Gerechtigkeit.» Der «Lehrer der Gerechtigkeit» ist der Gründer und Leiter der Gemeinschaft von Qumran, er gehört historisch gesehen in die Mitte des 2. Jh. v. Chr. Vermutlich war er ein Hohepriester aus Jerusalem, der sich mit dem Establishment wegen theologischer Fragen überworfen hatte und daraufhin die Sezession seiner Anhänger in die Wege leitete.[146] Er behauptet nun, dass sich die Prophezeiungen Habakuks aus der babylonischen Zeit in Tat und Wahrheit auf Vorgänge beziehen, die 500 Jahre später stattgefunden haben.

Und damit verbindet sich nun ein zweiter, ebenso wichtiger Punkt: Der Habakuk-Kommentar scheint davon auszugehen, dass Habakuk selber nicht genau wusste, was er prophezeite. Das geht aus dem Eingangssatz der dargestellten Kolumne hervor:

«Und Gott sprach zu Habakuk, aufzuschreiben, was da kommt über die letzte Generation, doch die Vollendung der Zeit hat er ihm nicht kundgetan.»

Der Inhalt der Prophetie, die Habakuk von Gott erhält, betrifft also die Endzeit, von der die Qumran-Gemeinschaft glaubte, dass sie bereits da sei, aber Habakuk wusste offenbar nicht, wann diese Endzeit stattfindet: «die Vollendung der Zeit hat er [Gott] ihm [Habakuk] nicht kundgetan». Umgekehrt wird dem Lehrer der Gerechtigkeit diese den Propheten selbst abgehende Erkenntnis zugewiesen, denn ihm hat «Gott kundgetan [...] die Gesamtheit der Mysterien der Worte seiner Diener, der Propheten.»

Dieses Prophetenverständnis findet sich übrigens *mutatis mutandis* auch im Neuen Testament.[147] Die Geburtsgeschichte Jesu im Matthäusevangelium ist in diesem Horizont geschrieben worden, dass der Prophet Jesaja diese Geburt und namentlich ihre wundersamen Umstände vorausgesehen und angekündigt hat:

«Mit der Geburt Jesu Christi aber verhielt es sich so: Maria, seine Mutter, war mit Josef verlobt. Noch bevor sie zusammengekommen waren, zeigte es sich, dass sie schwanger war vom heiligen Geist. [...] Dies alles ist geschehen, damit in Erfüllung gehe, was der Herr durch den Propheten [sc. Jesaja] gesagt hat: Siehe, die

---

146 Vgl. Stegemann, Qumran, S. 149.
147 Eine alttestamentliche Vorstufe zu den Pescharim lässt sich in der Exegese der Jeremiaprophetie in Dan 9 erkennen, die in die Makkabäerzeit gehört (vgl. Rigger, Siebener). Dan 9 kennt zwar noch nicht das wortwörtliche Zitieren einer Bibelstelle, die dann gegenwartsbezogen ausgelegt würde, aber auch Dan 9 vertritt die Auffassung, dass Jeremiaprophetie sich erst in einer sehr viel späteren Zeit als ihrem ursprünglichen Entstehungskontext erfüllt.

Jungfrau wird schwanger werden und einen Sohn gebären, und man wird ihm den Namen Immanuel geben (Jes 7,14).» (Mt 1,18–23)

Gleichzeitig wird aus dieser Passage aber auch deutlich, dass das Matthäusevangelium vermutlich nicht davon ausgegangen ist, dass Jesaja selbst gewusst hat, dass sich diese Prophezeiung tatsächlich auf die spezifische Gestalt des Jesus von Nazareth bezieht. Wie Habakuk im Habakuk-Kommentar aus Qumran ist Jesaja vielmehr ein Prophet, der – gewissermassen unbewusst – Wahres sagt und ankündigt, aber über die Erfüllung und genauen Zeitumstände nicht Bescheid weiss. Das erschliesst sich in diesem letzten Fall erst dem Evangelisten Matthäus und seinen Lesern.

3. Die Tempelrolle

Unter den Schriftfunden vom Toten Meer ist ein umfangreiches Werk zum Vorschein gekommen, das aufgrund verschiedener Indizien wohl kaum innerhalb der Qumrangemeinschaft selbst entstanden, sondern vorqumranischen Ursprungs ist.[148] Aufgrund seines Programms der Anweisungen für den Bau eines Tempels, der biblische Vorgaben aus der Priesterschrift (Ex 25–29 und 35–40) sowie dem Ezechielbuch (Ez 40–48) berücksichtigt, wurde es in der Forschung als die «Tempelrolle» (11Q19–21) bezeichnet. Leider ist der Text nicht vollständig erhalten, er setzt erst mit Kolumne 2 ein, die aber aufgrund der Aufnahme von Ex 34,10–16, verschränkt mit Dtn 7,25f. erkennen lässt, dass das vorgestellte narrative Setting offenbar die Gesetzesoffenbarung vor der Landnahme betrifft. Allerdings lässt sich die Tempelrolle nicht mit Sicherheit als das Dokument einer am Sinai erfolgten Zusatzoffenbarung interpretieren, denn die die Sinai- und die (biblisch gesehen im Deuteronomium niedergelegte) Ostjordanlandgesetzgebung werden offenbar in eins gesehen, die jeweiligen Gesetze thematisch neu arrangiert und neu als als Rede Gottes in der 1. Person formuliert. Möglicherweise soll die Tempelrolle auch als Überbietung der Tora verstanden werden, doch lässt der Textbestand kein eindeutiges Urteil zu.

Deutlich aber ist im einen wie im anderen Fall, dass die Tempelrolle ein sowohl im auslegungstechnischen wie auch wortwörtlichen Sinn «theologischer» Text ist:[149] Sie versucht, eine systematische Ordnung der Tora zu

---

148 Vgl. im Überblick Paganini, Rezeption, S. 3–16.

149 Levinson, Torah, S. 41f: «Understanding the Temple Scroll's use of language requires understanding the redactor's hermeneutics. In his reuse of the legal material of the Pentateuch, the Temple Scroll's redactor inevitably needed to confront and resolve the Pentateuch's lack of a unified system – not just in the arrangement and content of its laws but also

erzielen und gibt ihre Position als direkte Rede von Gott wieder. Der steile Anspruch der Tempelrolle ist aber im antiken Judentum offenbar verhallt, denn nicht einmal in der Literatur der Qumrangemeinde, die den Text zumindest aufbewahrt hat, finden sich – trotz enger sachlicher Verwandtschaft der Tempelrolle mit dem in Qumran hochgeschätzten Jubiläenbuch, etwa im Blick auf den Sonnenkalender – Aufnahmen aus der Tempelrolle.

IX Theologische Ausgleichsbestrebungen mit der platonischen Philosophie in der Septuaginta

Ein frühes Beispiel einer theologischen Ausgleichsbestrebung mit der Philosophie findet sich in der Aufnahme von Platons *Timaios* mittels der für die Erschaffung der Welt in Gen 1 gebrauchten Terminologie in der Septuaginta, der ursprünglich nur die Tora betreffenden Übersetzung der Hebräischen Bibel ins Griechische, deren Anfänge ins 3. Jh. v. Chr. anzusetzen sind.[150] Deren Begrifflichkeit und implizite Vorstellungen streben offenkundig nach einer Harmonisierung zwischen biblischer und platonischer Kosmologie:[151] Die von der Bibel beschriebene Welt ist gemäss der Auffassung der Septuaginta keine andere als diejenige der griechischen Philosophie und Wissenschaft.

Die Nähe zu *Timaios* wird etwa aus Gen 1,2 ersichtlich: Die Septuaginta gibt den Zustand der Welt vor der Schöpfung, der im Hebräischen als das sprichwörtliche *tohuwabohu* (d. h. «lebensfeindliche Wüste», vgl. Jes 34,11; Jer 4,23) bezeichnet wird, als ἀόρατος καὶ ἀκατασκεύαστος («unsichtbar und unbearbeitet») wieder, womit eine Entsprechung zur Unterscheidung von Ideenwelt und Materiewelt, wie sie im *Timaios* leitend ist, angedeutet zu sein scheint. Auch ist die Wiedergabe von *rāqia'* («Feste») in Gen 1,6 mit στερέωμα («Gerüst») wohl ebenfalls vom *Timaios* her zu erklären, da dort

---

in their formulation. The redactor's historical distance from the biblical text only intensified the difficulty of understanding its diverse systems of law and syntax on their own terms, let alone the complex literary and redactional history that brought them together. Later rabbinic law sought to harmonize the Pentateuch's legal inconsistencies and redundancies by means of exegesis. In the case of the Temple Scroll, the corresponding drive to ameliorate the Pentateuch's ‹disorder› took place on the level of the text by means of reordering and expanding. The commitment to Torah therefore required reordering the Torah.»

150 Vgl. Siegert, Bibel; Tilly, Einführung; Kreuzer, Entstehung, vgl. zum Folgenden Schmid, Schöpfung, S. 336f., s. auch Karrer, Septuaginta.
151 Rösel, Übersetzung, S. 31.36.60.81–87.

das zugehörige Adjektiv στερεός («fest, solide») mehrfach auf die Himmelskörper angewendet wird (31b; 43c u. ö.).[152]

Die Septuaginta lässt also eine deutliche Tendenz im Judentum des 3. und 2. Jh. v. Chr. erkennen, die eigene, traditionelle Überlieferung mit den zeitgenössischen philosophischen Leitkonzeptionen zu vermitteln, was als ein Anliegen identifiziert werden kann, das sich für die spätere Theologie dann als zentral herausstellen wird.

X Die Offenbarungstheologie der Apokalyptik

Die Apokalyptik wurde in ihrer Bedeutung für das Entstehen von Theologie vor allem in den sechziger Jahren des letzten Jahrhunderts über die provokative These von Ernst Käsemann, die Apokalyptik sei die «Mutter aller christlichen Theologie», verhandelt.[153] Käsemann grenzte damals – so seine Unterscheidung – den unapokalyptischen Jesus von den apokalyptisch geprägten Theologien des Neuen Testaments bei den Synoptikern, Paulus und Johannes ab.

Diese heute im Wesentlichen noch forschungsgeschichtlich relevante Diskussion ist hier nicht aufzunehmen, vielmehr ist zu fragen, wie sich die apokalyptische Literatur in die bisherigen Überlegungen zum Aufkommen von Theologie in der alttestamentlichen und frühjüdischen Literatur einfügt. Dazu sind allerdings zunächst einige historische und literaturgeschichtliche Aspekte zu diskutieren.[154]

Seit den Qumranfunden[155] ist deutlich geworden, dass die unter dem Thema «Apokalyptik» verhandelte geistige Bewegung und deren literarische Ausprägungen älter sein müssen als das makkabäische Danielbuch, das man – namentlich aufgrund des makkabäerzeitlichen Materials in seinen Kapiteln 2 und 7–12 – üblicherweise als die älteste Apokalypse betrachtet hatte: Offenbar sind die Anfänge der Apokalyptik – das gilt unbeschadet aller historischen

---

152 In diesem Zusammenhang ist auch die umstrittene These von Mendels/Edrei, Diaspora, zu beachten, die eine grundlegende Unterscheidung zwischen der östlichen, rabbinisch geprägten und der westlichen, von der griechischen Literatur und Kultur geprägten Diaspora vorschlagen. Erst mit der Verschriftung des Talmud begann sich im Verlauf des Mittelalters die rabbinische Richtung auch im Westen durchzusetzen. «Theologische» Zugangsweisen zur Hebräischen Bibel, wie sie etwa die Septuaginta bezeugt, ergaben sich v. a. im traditionellen Bereich der westlichen Diaspora.

153 Vgl. Käsemann, Anfänge, S. 180; vgl. zur Diskussion Vouga, Apokalyptik.

154 Vgl. zum Folgenden Schmid, Zerstörung.

155 Vgl. Stegemann, Bedeutung; García Martínez, Qumranica I.

Abgrenzungs- und sachlicher Definitionsprobleme,[156] die eng untereinander interagieren – eher im Bereich der handschriftlich bereits verhältnismässig früh bezeugten Henoch- als in der Danielliteratur zu fassen und gehören noch in das 3. und nicht erst in das 2. vorchristliche Jahrhundert.[157] Dieser Befund ist sachlich von erheblichem Belang, weist er doch darauf hin, dass für die Entwicklung der Apokalyptik das in den astronomischen Partien der Henochliteratur niedergelegte Priesterwissen eine entscheidende Rolle gespielt haben dürfte. Weiterhin ist damit auch wahrscheinlich, dass das früher gern als iranischer Import angesehene Phänomen der Apokalyptik religionsgeschichtlich viel stärker in der Geistesgeschichte des antiken Judentums verankert und aus ihr erklärbar sein dürfte, als man herkömmlicherweise anzunehmen bereit war. Namentlich der mit der Zerschlagung des Perserreichs durch Alexander den Grossen korrelierte Zusammenbruch theokratisch ausgerichteter – und herkömmlich in priesterlichen Trägerkreisen beheimateter – Konzeptionen wie diejenigen der Priesterschrift oder später Psalmen, die in der *pax persica* nachgerade das gottgewollte Ende der Geschichte erblicken konnten, dürfte die Ausbildung apokalyptischer Geschichtstheologie entscheidend begünstigt haben: Am sachlichen Grundzug des (priesterlichen) Ideals der Theokratie wurde in der nachpersischen Ära grundsätzlich festgehalten – Gott ist Herrscher und Lenker der Welt –, die Behauptung ihrer irdischen Verwirklichung in der Perserzeit im Sinne einer «realized eschatology» musste jedoch evidenterweise aufgegeben und historisch wieder verflüssigt werden – wie Gottes Herrschaft über die Welt letztendlich aussehen wird, das wird nun Gegenstand apokalyptischer Geschichtsspekulation.

So wie die geistige Katastrophe des Zusammenbruchs der perserzeitlichen Ordo-Erfahrung und die damit zusammenhängende Krise gegenwartsorientierter theokratischer Konzeptionen die Ausbildung apokalyptischer Konzeptionen möglicherweise nachgerade im Sinne einer Initialzündung gesteuert haben dürften, so haben die späteren Katastrophenerfahrungen der Entweihung des Jerusalemer Tempels durch Antiochus IV. und seiner Zerstörung 70 n. Chr. durch die Römer samt der Zerstörung der Stadt Jerusalem ihre weitere Entfaltung massgeblich geprägt. Die Apokalyptik lässt sich begreiflich machen als theologische Reaktion auf Evidenzverluste theokratischer Konzeptionen, die durch politische Ereignisse motiviert sind, die diesen Konzeptionen widersprechen. Diese Annahme legt sich nur schon durch die theologiegeschichtliche Verteilung der üblicherweise als apokalyptisch eingestuften Schriften

---

156 Vgl. Steck, Überlegungen; Beyerle, Gottesvorstellungen.
157 Vgl. Stegemann, Bedeutung, S. 502–508.

nahe: Sie lassen sich mehrheitlich um diese beiden Zentraldaten gruppieren und reflektieren zum Teil sehr direkt und – soweit das im Rahmen der historischen Fiktion denkbar ist – explizit auf die entsprechenden Erfahrungen: Zu verweisen ist hier besonders auf 1Hen 90,6–12; 93,9f.; 4Esr 10,21–23; 2Bar 7,1; 8,2; 10,5–19; ApkAbr. 27,3; vgl. auch PsPhilo 19,7.

Apokalyptische Konzeptionen sind im antiken Israel im Gefolge von geschichtlichen Widerfahrnissen entstanden, die die traditionell in theokratischen Kreisen postulierte heilvolle Präsenz Gottes in der Welt zu widerlegen schienen. Wo ist Gott? Ist er nurmehr verborgen? Hat er sein Volk ganz verstossen? Beantwortet werden diese Fragen in vielen apokalyptischen Texten mit der als Resultat einer Offenbarung dargestellten Präsentation der sich umfassend in der Geschichte verwirklichenden Schöpfermacht Gottes, die allerdings ganz unterschiedliche – heil- und unheilvolle – Manifestationsformen zeigen kann und geschichtlich differenziert werden muss.

Die Tempelzerstörung von 70 n. Chr. stellte im Blick auf die Frage der Präsenz Gottes in der Welt eine Grenzerfahrung von besonderem Ausmass dar, und es muss von daher nicht wundernehmen, dass dieses Ereignis besondere Anstrengungen zur theologischen Bewältigung forderte. Unter den Antworten innerhalb der jüdischen Apokalyptik ist im Wesentlichen neben 4Esr die Konzeption des 2Bar zu nennen; von untergeordneter Bedeutung sind ApkAbr und PsPhilo. Allerdings haben auch 4Esr und 2Bar im Judentum, das nach 70 n. Chr. sich in die rabbinische Richtung entwickelte, keine Wirkung entfalten können und sind nur durch ihre Rezeption und Tradierung durch das Christentum erhalten geblieben.

Kennzeichnend ist an diesen beiden Schriften, dass sich in ihren Antworten auf die Katastrophe der Tempelzerstörung das mancherorts für die Apokalyptik insgesamt für nachgerade konstitutiv gehaltene Charakteristikum einer Zwei-Äonen-Lehre erstmals explizit belegen lässt; sie dürfte ursächlich mit der Erfahrung der Zerstörung des Zweiten Tempels in Zusammenhang zu bringen sein.

Komplementär zu diesem negativen Befund lässt sich die Zwei-Äonen-Lehre historisch plausibel mit der Zerstörung des zweiten Tempels in Verbindung bringen: Eine derart ultimativ erscheinende Elimination des Tempels als Ort der Präsenz Gottes in der Welt drängte in bestimmten Kreisen auf die Deutung hin, dass die Welt als ganze nicht in ihrer diesseitigen Gestalt aufgehen könne, sondern dass Gott von allem Anfang an nicht eine, sondern zwei Welt(zeit)en geschaffen haben müsse – die beiden Äonen. Der erste Äon ist gekennzeichnet nicht durch den kontinuierlichen Rückzug Gottes selbst aus der Weltgeschichte – wie manchmal pauschal bezüglich der apokalyptischen Geschichtsschau geurteilt wird –, sondern durch eine Rücknahme des Heilswillens Gottes aus der Geschichte; selbstredend bleibt aber Gott auch in der Katastrophe die bestimmende Geschichtsmacht. Seine heilvolle Präsenz wird demgegenüber in den zweiten, kommenden Äon verlagert. Damit wird die klassische priesterliche Tempeltheologie, die sich bündig über die Formel einer «Schöpfung in der Schöpfung»[158] beschreiben lässt, transformiert in eine Theologie der «Schöpfung nach der Schöpfung»: Der kommende Äon bringt die eine Schöpfung Gottes zu ihrem Ziel.

Es ist ohne weiteres erkennbar, dass die apokalyptische Literatur nicht nur Kennzeichen theologischer Reflexion trägt, sondern sich dieser überhaupt verdankt. Zwar entwickelt sie keine literarischen Formen theologischer Sekundärliteratur, sondern knüpft namentlich mit ihren Visionsberichten an die prophetische Tradition an und stellt ihre Positionen als Offenbarungswissen und nicht als Resultat menschlicher Reflexion dar. Doch diese Unterscheidung ist gleichbedeutend mit derjenigen der Theorie eines apokalyptischen Textes und seiner tatsächlichen Entstehung. Was eine Apokalypse als Offenbarung präsentiert, ist natürlich tatsächlich die theologische Position ihres Verfassers, die – wie im historischen Zugriff auf solche Schriften erkennbar wird – durch die theologische Zusammenschau von Tradition und Erfahrung gewonnen wird.

Besonders wichtig ist die Erkenntnis der Beeinflussung apokalyptischer Theologie durch die theokratischen Positionen in der alttestamentlichen Literatur: Das grundlegende Orientierungsraster namentlich der apokalyptischen Geschichtstheologien ist das Denkmodell einer universalgeschichtlich dynamisierten Theokratiekonzeption. Die Apokalyptik kann somit als ein Vermittlungsprojekt zwischen einer grundlegenden theologischen Ausgangsposition und ihr scheinbar widerstreitenden historischen Evidenzen interpretiert werden. Ihre Lösungsoptionen sind dabei so radikal, dass sie sich in der Regel auf neue Offenbarungen berufen müssen. In der Form ist die apokalyptische Literatur deshalb eher «revelatorisch» als «theologisch», ihr Sachanliegen ist aber ein genuin theologisches.

---

158 Vgl. Blum, Studien, S. 289–332, bes. 311. Der Tempelkult reaktiviert und restituiert Züge der ursprünglichen Schöpfung.

D Gibt es Theologie im Alten Testament? Versuch einer Bilanz zwischen Begriffsgeschichte und exegetischen Befunden

I Theologisierende Traditionsliteratur

Wie sind die voranstehenden Überlegungen nun im Blick auf die Beantwortung der Titelfrage zu synthetisieren?

Die Schwierigkeiten mit dem Theologiebegriff in der alttestamentlichen Wissenschaft – gibt es nun Theologie im Alten Testament, oder etwas breiter gefasst, in der alttestamentlichen und frühjüdischen Überlieferung oder nicht? – wurzeln in geistesgeschichtlicher Hinsicht vor allem in *fünf unterschiedlich wichtigen Grundentscheidungen aus fünf verschiedenen Epochen*, wobei diese vor allem die christliche Rezeptionsgeschichte betreffen, da der Theologiebegriff im Judentum eher marginal geblieben ist oder, wo er verwendet wurde, sich in Abhängigkeit zu den jeweils zeitgenössischen christlichen Prägungen bewegte.

1) Die *antiken Verwendungsweisen* des Theologiebegriffs sind unspezifisch und können sehr unterschiedlich geartet sein. Sie sind für die Entwicklung dessen, was v. a. seit der Scholastik unter Theologie verstanden wird, von untergeordneter Bedeutung. Allerdings kehren gerade gewisse neuere Gebrauchsweisen von «Theologie» in der Bibelwissenschaft wieder in die Nähe der antiken Dimensionen des Begriffs als «Göttergeschichten» zurück: Texte jedweden religiösen Inhalts – auch ohne Reflexionscharakter – können generell als «theologisch» gelten, so etwa in Rendtorffs «Theologie des Alten Testaments».

2) Der Theologiebegriff bekam in der *hochmittelalterlichen Scholastik* seine bis heute wirksame spezifische Prägung, die mit der Konnotation gedanklicher Systembildung verbunden ist. Dieses Grundelement ist dafür verantwortlich, dass die Anwendung des Theologiebegriffs auf die biblischen Texte vielerorts mit Vorbehalten belastet war und ist: Die biblischen Texte reden zwar von Gott, aber sie formulieren keine theologischen Systeme.

3) Dass der Theologiebegriff aber doch nicht einfach von der Bibel und der antiken Literatur in ihrem Umfeld ferngehalten wurde, hängt zu wesentlichen Anteilen mit der *reformatorischen Entscheidung* zusammen, den Theologiebegriff (trotz antischolastisch ausgerichteter Aversionen der Reformatoren) beizubehalten und ihn von seinen systematischen Ausrichtungen an die praktische Lebenserfahrung zurückzubinden. Auch Texte, die existen-

zielle Erfahrungen formulieren und reflektieren, können theologisch sein. Damit war die Bibel jedenfalls grundsätzlich wieder «theologiefähig».

4) Der *Historismus und Psychologismus des 19. Jh.* führte zur Erkenntnis der Pluralität und Diversität der theologischen Positionen in der Bibel und verlagerte den Akzent bei der Beschäftigung mit den biblischen Texten auf deren religionsgeschichtliche Prägung und Entwicklung. Der Begriff Theologie verschwand in der Folge fast ganz aus der alttestamentlichen Wissenschaft.

5) Mit der Publikation von neuen «Theologien des Alten Testaments» aus dem weiteren Wirkungsfeld der Dialektischen Theologie Anfang des 20. Jh. wurde die Theologiebegrifflichkeit wieder in der Bibelwissenschaft verankert, aber stark systematisch verstanden. Erst der Entwurf von Rads löste die gerade neu geprägte Form von systematisierenden Zugangsweisen zur Theologie des Alten Testaments wieder auf, mit offenen Folgen für diese Subdisziplin der alttestamentlichen Wissenschaft, deren Aufgabe und Durchführung damit vollends unklar geworden war.

Die gegenwärtige Situation ist geprägt durch subkutan wirksame Spätfolgen dieser Grundentscheidungen, die einmal hier, einmal da aufbrechen und deren Folgen bisweilen auch identifiziert werden, meistens aber als vermeintlich undiskutierbare Fragen unterschiedlichen persönlichen theologischen Stils höflich übergangen werden. Tatsächlich aber betreffen sie nicht den individuellen Stil, sondern elementare Sachfragen, die die Theologie nur zu ihrem eigenen Nachteil im Bereich der Unklarheit belassen kann.

Aufgrund der in sich stark differenzierten (man denke nur an die scholastischen und reformatorischen Differenzen) Prägung des Theologiebegriffs erschien es dieser Studie *weder sinnvoll, das fraglose Vorhandensein von Theologie in der alttestamentlichen und frühjüdischen Überlieferung zu behaupten, noch deren vollkommene Abwesenheit zu konstatieren.* Vielmehr zeigt sich das Alte Testament in vielerlei Hinsicht als ein Sammlung von Büchern, die zwar keine expliziten Theologien formulieren, wohl aber aufgrund ihres implizit theologischen Charakters als theologische Schriften in einem weiteren Sinn gelten können – um so eine etwas anders gemeinte Formulierung Rolf Rendtorffs[1] im Sinne von James Barr zu variieren.[2] Das gilt auch für die im Gefolge des Alten Testaments entstandene, nachkanonische Literatur des antiken Judentums.

---

1 Rendtorff, Theologie I, S. 1.
2 Vgl. Barr, Concept, S. 498.

Theologie im lehrhaften Sinne und als in systematisierender Weise explizierte Grösse ist in der alttestamentlichen und frühjüdischen Überlieferung zwar nicht vorhanden, aber *implizit* – und darüber hinaus durchaus auch in anfänglichen Explikationsgraden – in unterschiedlicher Weise erkennbar. Namentlich die zahlreichen Vorgänge innerbiblischer Schriftauslegung deuten darauf hin, dass religiöse Texte theologischen Reflexionen zugeführt worden sind, die sich textlich als Fortschreibungen an die jeweils zugrunde liegenden Aussagen angeschlossen haben. Diese theologischen Reflexionstexte zeigen das Bemühen, traditionelles Textgut im Lichte neuer geschichtlicher Erfahrung auszulegen und zu ajourieren.[3] Dabei waltet keine blosse Willkür, sondern die interpretierenden Passagen schliessen sich an die Sachlogik ihrer vorgegebenen Texte an und führen diese kreativ, aber durchaus rational und – entsprechend dem Inhalt ihrer Gegenstände – *theologisch* aus.

Eine gesteigerte Form von Theologie lässt sich dort beobachten, wo die theologische Reflexion einen literarischen Bruch erforderte und zur Herausbildung neuer Schriften führte – in dieser Studie wurden exemplarisch, aber nicht abschliessend das Deuteronomium, die Priesterschrift, Deuterojesaja und die Chronik genannt. Wenn man von «theologischen» Büchern im Alten Testament reden will, dann sind – mit den genannten Einschränkungen – diese Schriften wohl am ehesten zu bedenken. Hinzuzunehmen sind im weiteren Umkreis auch Hiob und Kohelet, deren literarische Horizonte noch breiter sind als diejenigen der genannten Schriften.

Zu nennen sind aber auch die jeweiligen literarischen Reaktionen auf die schrittweise Etablierung der drei Kanonsteile, die als Ausbildung von Theologie interpretierbar sind: Die Tora weist eine eigene theologische Profilierung als Gesamtkorpus auf, die Neviim sind durch eine klare Inklusion zusammengefasst, die das in diesem Teil versammelte Textgut in einer bestimmten, toraorientierten Generalperspektive interpretiert, und die Ketuvim verfügen über eine Einleitung, die ebenfalls eine Ausrichtung des Folgenden an der Tora erkennen lassen.

Mit der Formierung von mehr oder weniger fest gefügten Sammlungen biblischer Texte, die sich dann zum Konzept eines Kanons entwickeln, ändert sich dann die formgeschichtliche Prägung theologischer Auslegungsliteratur: Theologische Interpretation findet nicht mehr im Bibeltext selbst statt, sondern sie tritt neben ihn. Allerdings gilt für die frühjüdische Literatur, dass sie sich entweder in ihren Gattungen an die traditionellen Vorbilder anlehnt, oder aber – auch wenn sie neue literarische Gattungen ausbildet, wie etwa in der

---

3   Vgl. dazu z. B. Steck, Prophetenbücher; Steck, Gott, s. auch Kratz, Exegese.

apokalyptischen Literatur – in deren Grundorientierungen verbleibt und nicht als Reflexionsliteratur entworfen wird. Erst mit der vom 2. Jh. n. Chr. an einsetzenden Auseinandersetzungsliteratur entstehen Gattungen theologischer Sekundärliteratur, die dann für die Folgezeiten formgebend geworden sind.

II Folgerungen für eine Theologie des Alten Testaments

Inwiefern sind diese Überlegungen zum Vorhandensein von Theologie in der alttestamentlichen und frühjüdischen Überlieferung von Bedeutung für die Frage, wie eine Theologie des Alten Testaments zu gestalten ist? Entsprechend dem begrenzten Umfang dieser Studie sind hier nur einige, wenige Andeutungen möglich, die lediglich einige Grundbedingungen aus der Sicht ihrer Themenstellung zu formulieren versuchen.

Seit der Entdeckung – oder vorsichtiger: seit der im Gefolge von Rads aufgekommenen Möglichkeit der Identifizierung – von «Theologien im Alten Testament» ist mehr und mehr die Zugangsweise in Übung gekommen, die «Theologie des Alten Testaments» in die Einleitungswissenschaft – bei der Besprechung der theologischen Eigenart der jeweiligen Schriften – zu integrieren. Besonders deutlich ist dies etwa im Lehrbuch *Grundinformation Altes Testament* zu greifen, das eine Einführung in Literatur, Religion und Geschichte des Alten Testaments geben will. Es gliedert sich in vier Hauptteile: Der erste betrifft «Quellen und Methoden» (21–58), der zweite «Geschichte und Religionsgeschichte des antiken Israels» (S. 59–192), der dritte, ausführlichste die «Literatur des Alten Testaments» (S. 193–586), der vierte vergleichsweise knappe Hauptteil widmet sich «Grundfragen einer Theologie des Alten Testaments» (S. 587–604), zu dem erläuternd festhalten wird:

«Die Darstellung der Literatur des Alten Testaments ist jeweils auch eigens auf die Theologie der besprochenen Kanonteile [...] und Literaturwerke eingegangen. Diesem Verfahren liegt eine bestimmte Auffassung von einer ‹Theologie des Alten Testaments› zugrunde: Theologie des Alten Testaments wird verstanden als eine deskriptive Aufgabe, die nach den theologischen Grundgedanken der Autoren und Redaktoren der biblischen Literaturwerke in ihrem historischen Kontext fragt und diese beschreibt. Dabei soll im Alten Testament dort von Theologie gesprochen werden, wo auf einen Gesamtsinn der Wirklichkeit ausgegriffen wird, in dem kontingente gegenwärtige Erfahrungen ihre Bedeutung finden.»[4]

---

4   Gertz, Grundinformation, S. 587, s. weiter u.: «Da das skizzierte Verständnis von ‹Theologie des Alten Testaments› nicht das einzig mögliche und sinnvolle ist, soll es in den folgenden Paragraphen mit Blick auf die Geschichte und Problemstellungen der Disziplin sowie kon-

Selbstverständlich ist diese Bestimmung möglich und sinnvoll, doch ist deutlich, dass diese Option in wissenschaftsorganisatorischer Hinsicht eine eigene Subdisziplin «Theologie des Alten Testaments» nicht mehr zwingend erfordert. Dies ist wohlgemerkt an sich noch keine Kritik, denn solche Meliorationen müssen auf wissenschaftlichem Gebiet grundsätzlich möglich sein. Es ist allerdings zu prüfen, ob die alttestamentliche Wissenschaft durch ein solches Verständnis von «Theologie» bestimmter Fragehinsichten verlustig geht.

Diese Frage ist m. E. mit Ja zu beantworten, was allerdings insofern nicht zu grundlegenden Kurskorrekturen innerhalb der alttestamentlichen Wissenschaft nötigt, als für jegliche weitergehenden Aufgabenbestimmungen für eine «Theologie des Alten Testaments» sogleich auf die Aufgabenteilung innerhalb der gesamten Theologie zu sprechen zu kommen ist: Der oft – aus meiner Sicht missverständlich – als «normativ»[5] bezeichnete Anteil einer Theologie des Alten Testaments muss nicht notwendigerweise im Rahmen der alttestamentlichen Wissenschaft selbst behandelt werden. Es gibt auffälligerweise nur wenige Reflexionen darüber, wie sich eine «Theologie des Alten Testaments» von einer «Hermeneutik», der «Dogmatik» usw. abgrenzt[6], doch lassen sich viele Probleme im Umkreis einer «Theologie des Alten Testaments» mit einer reflektierten Aufgabenteilung innerhalb der gesamten Theologie angehen. Allerdings bleibt gleichzeitig – jedenfalls im Rahmen protestantischer Theologie – eine Rückbindung der weiteren Disziplinen der Theologie an die Bibelexegese eine grundlegende Forderung. Eberhard Jüngel hat entsprechend die Aufgabe systematischer Theologie einmal in zugespitzter Weise als «konsequente Exegese» bezeichnet.[7]

---

kurrierende Auffassungen vom Gegenstand einer ‹Theologie des Alten Testaments› erläutert werden.»

5 Vgl. hierzu grundlegend Pury/Knauf, Théologie.

6 Vgl. Barr, Concept, S. 62–171. S. auch Preuss, Theologie, S. 23: «Dabei sollte folglich die Wertungsfrage […] nicht bereits innerhalb der Darstellung einer Theologie des Alten Testaments erfolgen, sondern diese gehört in den Bereich der Hermeneutik und der Fundamentaltheologie. […] Die Theologie des AT muß allerdings helfen, diese Fragen beantworten zu helfen [sic], und sie versucht daher, ihre Darstellung mit dem Blick auf das Ganze der Theologie zu gestalten, den Ort des AT darin zu klären.» Vgl. auch Gerstenberger, Theologien, S. 10: «Theologie hat es also in Wirklichkeit ausschliesslich mit den je zeitbestimmten Glaubenserfahrungen, Aussagen und Systembildungen zu tun, kurz, mit Vorstellungen von Gott und nicht mit Gott in Person oder Wesenheit. Alttestamentliche Theologie sollte sich – als Orientierung für unsere Gegenwart formuliert – mit den kontextuellen Gottesbildern der hebräischen Bibel zufriedengeben und für die Moderne in ähnlicher, vorläufiger Zeitgebundenheit verbindliche aber nur begrenzt gültige Aussagen wagen.»

7 Jüngel, Sein, S. 25 Anm. 43; ders., Besinnung, S. 476.

Dazu hat aber die alttestamentliche Wissenschaft für den Teil der christlichen Bibel, für den sie zuständig ist, die entsprechenden Erarbeitungen theologischer Konzeptionen und theologischer Dynamiken im Alten Testament und seiner Folgeliteratur zu präsentieren, die sich auf Einzeltexte, Textgruppen, Bücher oder Buchsammlungen beziehen können. Entscheidend ist dabei, die Wahrnehmung der Bibel nicht auf ein Florilegium möglicher theologischer Positionen zu beschränken, sondern die auslegungstechnische Vernetzung dieser Positionen in der Bibel selbst und die dabei waltenden inhärenten Logiken zu erkennen und zu beschreiben. Im Blick auf eine christliche oder auch jüdische Theologie hat man sich dabei immer auch der grundlegenden Differenz der biblischen Texte zur späteren Lehrbildung bewusst zu bleiben. Die historische Kritik an biblischen Texten führt nicht auf das eine oder andere Lehrgebäude einer bestimmten Konfession oder Religionsgemeinschaft, sondern auf eine in vielen Aspekten für diese späteren Auslegungsgemeinschaften fremde Theologie und Theologiegeschichte.

Auch wenn Julius Wellhausen angesichts seiner zeitgenössischen, ihn offenbar wenig überzeugenden Herangehensweisen an eine Theologie des Alten Testaments anscheinend geplant hatte, den «Versuch einer Kritik der s. g. ATl. Theologie als wissenschaftlicher Disciplin» auszuarbeiten und zu veröffentlichen[8], so gilt gleichwohl: *abusus non tollit usum*. Die alttestamentliche Wissenschaft würde ihrem Gegenstand nicht gerecht werden, wenn sie auf eine eigene Teildisziplin «Theologie des Alten Testaments» verzichten würde, sie würde ihm aber auch nicht gerecht werden, wenn sie sich dieser Teildisziplin in naiver, verkürzender oder unkritischer Weise nähern würde. So wie es möglich und sinnvoll ist, nach der Philosophie Platos zu fragen, so ist es auch möglich und sinnvoll, die Theologie des Alten Testaments zu rekonstruieren. Dass das Alte Testament im Unterschied zur literarischen Hinterlassenschaft Platos nicht das Werk *eines* Autors ist, sondern weitgehend anonym oder pseudonym gehaltene Traditionsliteratur ist, stellt dabei kein grundsätzliches Hindernis dar, sondern fordert eine thematisch wie historisch differenzierte Herangehensweise an seine Literatur, die zu verfolgen zwar schwierig, aber nicht unmöglich ist.[9]

---

8   Vgl. den Hinweis bei Rudolf Smend, Theologie.

9   Vgl. auch Becker, Abschied: «Die Aufgabe einer Theologie des Alten Testaments besteht deshalb nicht darin, die dem Alten Testament zugrunde liegende Geschichte metaphysisch zu überhöhen, sondern das hier skizzierte literarische und religiöse ‹Ausdrucksuniversum› zur Sprache zu bringen. [...] Denn die differentia specifica des Alten Testaments liegt nicht in der ihm zugrunde liegenden politischen, Religions- und Kulturgeschichte, die mit den Mitteln der Geschichtswissenschaft zu erheben ist und das alte Israel und seine Religion

Eine Theologie des Alten Testaments[10] muss aus Gründen ihrer Eigenart als einer wissenschaftlichen Fragestellung ein auch aus aussertheologischer Perspektive rezipierbares Projekt darstellen, das – wohlgemerkt auch aus theologischen Gründen – den üblichen wissenschaftlichen Standards genügen muss. Insofern hat eine Theologie des Alten Testaments von ihren Fragestellungen, Durchführungen und Resultaten her auch für eine Position (in zustimmendem oder ggf. auch ablehnendem Sinn) verstehbar und nachvollziehbar zu sein, die sich beispielsweise auch ausserhalb von Judentum oder Christentum befinden könnte.

Deshalb soll und darf eine Theologie des Alten Testaments nicht hinter die Rationalitätsbestrebungen ihrer innerbiblischen Vorläuferbewegungen zurückfallen, die zwar selber noch keine explizite Theologien formulieren, wohl aber die Bedingungen der Möglichkeit ihrer späteren Ausbildung geschaffen haben.

---

keineswegs als analogielos im Alten Vorderen Orient erscheinen lässt. Sie liegt vielmehr in dem besonderen Überlieferungs- und Transformationsprozess begründet, aus dem das Alte Testament als Heilige Schrift – des Judentums und dann auch des Christentums – hervorgegangen ist.»

10 Das Problem der sogenannten «Kanonsgrenze» bleibt schwierig zu handhaben: In literaturgeschichtlicher Hinsicht formiert dieser Einschnitt keine geschlossene Einheit der althebräischen und frühjüdischen Literatur. Schriften wie das Jubiläenbuch oder die Tempelrolle sind nicht qualitativ unterschieden von den biblischen Büchern – zumal etwa das Jubiläenbuch in bestimmten Kanonsformationen auch als «biblisch» gilt – und können nur aus pragmatischen oder wirkungsgeschichtlichen, nicht aber aus prinzipiellen Gründen aus einer Theologie des Alten Testaments ausgeklammert werden.

Literatur

Ahlers, Botho, Die Unterscheidung von Theologie und Religion, Gütersloh 1980.

Albertz, Rainer, Die Theologisierung des Rechts im Alten Israel, in: ders., Geschichte und Theologie. Studien zur Exegese des Alten Testaments und zur Religionsgeschichte Israels, BZAW 326, Berlin/New York 2003, S. 187–207.

Albertz, Rainer, Religionsgeschichte Israels in alttestamentlicher Zeit, GAT, Bd. 8/1.2, Göttingen 1992.

Albertz, Rainer, Das Deuterojesaja-Buch als Fortschreibung der Jesaja-Prophetie, in: Erhard Blum u. a. (Hgg.), Die Hebräische Bibel und ihre zweifache Nachgeschichte. FS Rolf Rendtorff, Neukirchen-Vluyn 1990, S. 241–256.

Ammon, Christoph Friedrich von, Entwurf einer Christologie des Alten Testaments. Ein Beitrag zur endlichen Beilegung der Streitigkeiten über messianische Weissagungen und zur biblischen Theologie des Verfassers, Erlangen 1794.

– Entwurf einer reinen biblischen Theologie, Erlangen 1792.

Artus, Olivier, Etudes sur le livre des nombres: récit, historie et loi en Nb 13,1–20,13, OBO 157, Fribourg/Göttingen 1997.

Assmann, Jan, Ma'at. Gerechtigkeit und Unsterblichkeit im alten Ägypten, München ²2006.

– Fünf Stufen auf dem Wege zum Kanon, MTV 1, Münster 1999 = ders., Religion und kulturelles Gedächtnis. Zehn Studien, München 2000, S. 81–100.

– Politische Theologie in Ägypten und Israel, Carl Friedrich von Siemens Stiftung. Themen 52, München 1992.

– Das kulturelle Gedächtnis. Schrift, Erinnerung und politische Identität in frühen Hochkulturen, München 1992.

– Ägypten. Theologie und Frömmigkeit einer frühen Hochkultur, Stuttgart ²1991.

Asztalos, Monika, Die theologische Fakultät, in: Walter Rüegg (Hg.), Geschichte der Universität in Europa. Bd. I: Mittelalter, München 1993, S. 359–385.

Aurelius, Erik, Der Ursprung des Ersten Gebots, ZThK 100 (2003), 1–21.

– Zukunft jenseits des Gerichts. Eine redaktionsgeschichtliche Studie zum Enneateuch, BZAW 319, Berlin/New York 2003.

Bacher, Wilhelm, Die Bibelexegese der jüdischen Religionsphilosophen des Mittelalters vor Maimuni, Budapest 1892.

– Versuch eines biblischen Systems der Dogmatik, Gotha/Leipzig 1769/1770.

Baier, Johann Wilhelm, Analysis et vindication illustrium scripturae dictorum sinceram fidei doctrinam asserentium, Altdorf 1716.

Balz, Horst, Art. Theologie II/1.2. Neues Testament, TRE 33, Berlin/New York 2002, S. 268–272.

Barr, James, The Concept of Biblical Theology, Minneapolis 1999.

Barstad, Hans, A Way in the Wilderness. The «Second Exodus» in the Message of Second Isaiah, JSS Monograph 12, Manchester 1989.

Barth, Hermann, Die Jesaja-Worte in der Josiazeit. Israel und Assur als Thema einer produktiven Neuinterpretation der Jesajaüberlieferung, WMANT 48, Neukirchen-Vluyn 1977.

Barton, John, The Significance of a Fixed Canon, in: Magne Sæbø (Hg.), Hebrew Bible/ Old Testament. The History of its Interpretation. Vol. I. From the Beginnings to the Middle Ages (until 1300). Part 1: Antiquity, Göttingen 1996, S. 67–83.

Bauer, Bruno, Die Religion des Alten Testamentes in der geschichtlichen Entwickelung ihrer Principien, Berlin 1838.

Bauks, Michaela, Die Welt am Anfang: zum Verhältnis von Vorwelt und Weltenstehung in Gen 1 und der altorientalischen Literatur, WMANT 74, Neukirchen-Vluyn 1997.

Baumgärtel, Friedrich, Gerhard von Rad's «Theologie des Alten Testaments», ThLZ 86 (1961), S. 801–816.895–908.

Bayer, Oswald/Peters, Albrecht, Art. Theologie, HWP 10, Basel 1998, S. 1080–1095.

Becker, Michael, Grenzziehungen des Kanons im frühen Judentum und die Neuschrift der Bibel nach 4. Buch Esra, in: ders./Jörg Frey (Hgg.), Qumran und der biblische Kanon, BThSt 92, Neukirchen-Vluyn 2009, S. 195–253

Becker, Uwe, Abschied von der Geschichte? Bemerkungen zu einem aktuellen Grundproblem der alttestamentlichen Hermeneutik, in: Angelika Berlejung/Raik Heckl (Hgg.), Ex oriente Lux. Studien zur Theologie des Alten Testaments, ABG 39, Leipzig 2012, S. 592–604.

Becker, Uwe, Die Wiederentdeckung des Prophetenbuches. Tendenzen und Aufgaben der gegenwärtigen Prophetenforschung, BThZ 21 (2004), S. 30–60.

Beckwith, Roger T., The Old Testament Canon of the New Testament Church and its Background in Early Judaism, Grand Rapids 1985.

Bedouelle, Guy, Le canon de l'Ancien Testament dans la perspective du Concile de Trente, in: Jean-Daniel Kaestli/Otto Wermelinger (Hgg.), Le canon de l'Ancien Testament. Sa formation et son histoire, Genève 1984, S. 253–282.

Ben Maimon, Mose, Führer der Unschlüssigen, übersetzt und kommentiert von Adolf Weiß, Hamburg ³1995.

Ben Zvi, Ehud, Constructing the Past: The Recent History of Jewish Biblical Theology, in: Isaac Kalimi (Hg.), Jewish Bible Theology. Perspective and Case Studies, Winona Lake 2012, S. 31–50.

Bendemann, Reinhard von, «Theologie des Neuen Testaments» oder «Religionsgeschichte des Frühchristentums»? VF 48 (2003), S. 3–28.

Berges, Ulrich, Jesaja 40–48, HThKAT, Freiburg i. Br. u. a. 2008.

Berlejung, Angelika, Theologie in Babylon? – Theologien in Babylonien!, in: Manfred Oeming u. a. (Hgg.), Theologie in Israel und in den Nachbarkulturen. Beiträge des Symposiums «Das Alte Testament und die Kultur der Moderne» anlässlich des 100. Geburtstags Gerhard von Rads (1901–1971), Heidelberg, 18.–21. Oktober 2001, ATM 9, Münster 2004, S. 105–124.

Berner, Christoph, Die Exoduserzählung. Das literarische Werden einer Ursprungslegende Israels, FAT 73, Tübingen 2010.

Bernhardt, Reinhold, Literaturbericht «Theologie der Religionen» (I), ThR 72 (2007), S. 1–35; (II), ThR 72 (2007), S. 127–149.

Beyerle, Stefan, Die Gottesvorstellungen in der antik-jüdischen Apokalyptik, JSJ.S 103, Leiden u. a. 2005.

Biddle, Mark E., A Redaction History of Jer 2:1–4:2, AThANT 77, Zürich 1990.

Blanco Wißmann, Felipe, «Er tat das Rechte ...». Beurteilungskriterien und Deuteronomismus in 1Kön 12–2Kön 25, AThANT 93, Zürich 2008.

Blenkinsopp, Joseph, Prophecy and Canon: A Contribution to the Study of Jewish Origins, Notre Dame 1977.

Blum, Erhard, Der vermeintliche Gottesname «Elohim», in: Ingolf Dalferth/Philipp Stoellger (Hgg.), Gott nennen: Gottes Namen und Gott als Name, RPT 35, Tübingen 2008, S. 97–119.

– Die literarische Verbindung von Erzvätern und Exodus. Ein Gespräch mit neueren Endredaktionshypothesen, in: Jan Gertz u. a. (Hgg.), Abschied vom Jahwisten. Die Komposition des Hexateuch in der jüngsten Diskussion, BZAW 315, Berlin/ New York 2002, S. 119–156.

– Noch einmal: Jakobs Traum in Bethel – Genesis 28,10–22, in: Thomas Römer u. a. (Hgg.), Rethinking the Foundations. Historiography in the Ancient World and in the Bible. Essays in Honour of John Van Seters, BZAW 294, Berlin/New York 2000, S. 33–54.

– Studien zur Komposition des Pentateuch, BZAW 189, Berlin 1990.

– Die Komposition der Vätergeschichte, WMANT 57, Neukirchen-Vluyn 1984.

Bornkamm, Heinrich, Luther und das Alte Testament, Tübingen 1948.

Bosch, Lourens Peter van den, Friedrich Max Müller: A Life Devoted to Humanities, Leiden 2002.

Bosshard-Nepustil, Erich, Ferne und Langzeitigkeit Jhwhs. Zur theologischen Auseinandersetzung in Jes 63,7–66,4 und Ps 102, in: Thomas Naumann/Regine Hunziker-Rodewald (Hgg.), Diasynchron. Beiträge zur Exegese, Theologie und Rezeption der Hebräischen Bibel. Walter Dietrich zum 65. Geburtstag, Stuttgart 2009, S. 39–55.

– Rezeptionen von Jesaja 1–39 im Zwölfprophetenbuch. Untersuchungen zur literarischen Verbindung von Prophetenbüchern in babylonischer und persischer Zeit, OBO 154, Fribourg/Göttingen 1997.

Bousset, Wilhelm, Das Wesen der Religion: dargestellt an ihrer Geschichte, Lebensfragen 28, Tübingen ⁴1920.

– Unser Gottesglaube, RV 5/6, Tübingen 1908.

Brann, Marcus, Geschichte des Jüdisch-Theologischen Seminars (Fraenckel'sche Stiftung) in Breslau. Festschrift zum fünfzigjährigen Jubiläum der Anstalt, Breslau 1904, repr. Hildesheim 2010.

Brenner, Michael/Rohrbacher, Stefan (Hg.), Wissenschaft vom Judentum. Annäherungen nach dem Holocaust, Göttingen 2000

Brunner, Emil, Offenbarung und Vernunft. Die Lehre von der christlichen Glaubenserkenntnis, Zürich 1941.

– «Die Erde dreht sich». Eine Erwiderung, KBRS 41 (1926), S. 113–116.

Bultmann, Rudolf, Theologie des Neuen Testaments, Tübingen [9]1984.

Büsching, Anton Friedrich, Gedanken von der Beschaffenheit und dem Vorzug der biblisch-dogmatischen Theologie vor der alten und neuen scholastischen, und von theologischen Aufgaben, Lemgo 1758.

— Dissertatio theologica inauguralis exhibens epitomen theologiae e solis sacris litteris concinnatae et ab omnibus rebus et verbis scholasticis purgatae, Göttingen 1756.

Carr, David, Reading the fractures of Genesis. Historical and literary approaches, Louisville 1996.

— Canonization in the Context of Community: An Outline of the Formation of the Tanakh and the Christian Bible, in: Richard D. Weis/ders. (Hgg.), A Gift of God in Due Season. Essays on Scripture and Community in Honor of James A. Sanders, JSOT.S 225, Sheffield 1996, S. 22–64.

Carroll, Robert P., Jeremiah. A Commentary, OTL, London 1986.

Chapman, Stephan B., The law and the prophets. A study in Old Testament canon formation, FAT 27, Tübingen 2000.

Charlesworth, James H., The Pesharim and Qumran History: Chaos or Consensus?, Grand Rapids 2002.

— / Elledge, Casey D., Exposition on the Patriarchs (4Q464 = 4QExposition on the Patriarchs – 4QExpPat), in: James H. Charlesworth (Hg.), The Dead Sea Scrolls. Hebrew, Aramaic, and Greek Texts with English Translations. Volume 6B. Pesharim, Other Commentaries and Related Documents, PTSDSSP, Tübingen 2002, S. 274–285.

Childs, Brevard S., Biblical Theology in Crisis, Philadelphia 1970.

Clements, Ronald Ernest, Beyond Tradition-History. Deutero-Isaianic Development of First Isaiah's Themes, JSOT 31 (1985), S. 95–113 = ders., Old Testament Prophecy. From Oracles to Canon, Louisville KY 1996, S. 78–92.

Clines, David J. A., The Theme of the Pentateuch, JSOTS 10, Sheffield 1997.

Collins, John Joseph, Encounters with biblical theology, Minneapolis 2005.

— Before the Canon. Scriptures in Second Temple Judaism, in: James Luther Mays u. a. (Hgg.), Old Testament Interpretation: Past, Present and Future. Essays in Honor of Gene M. Tucker, Nashville 1995, S. 225–244 = ders., Seers, Sybils and Sages in Hellenistic-Roman Judaism, VT.S 54, Leiden u. a. 1997, S. 3–21.

— Is a Critical Biblical Theology Possible?, in: William Henry Propp u. a. (Hgg.), The Hebrew Bible and its Interpreters, Biblical and Judaic Studies 1, Winona Lake 1990, S. 1–17.

Cölln, Daniel Georg Conrad von, Biblische Theologie, Leipzig 1836.

Colpe, Carsten, Bemerkungen zu Adolf von Harnacks Einschätzung der Disziplin «Allgemeine Religionsgeschichte», NZSTh 6 (1964), S. 51–69.

Cowell, Edward Byles, u. a., Buddhist Mahâyâna Texts. Part 1, Oxford 1894.

Crüsemann, Frank, Das «portative Vaterland», in: Aleida und Jan Assmann (Hgg.), Kanon und Zensur, München 1987, S. 63–79.

Davidson, Herbert Alan, Moses Maimonides: The Man and his Works, Milton Keynes 2010.

Dempster, Stephen G., Torah, Torah, Torah. The Emergence of the Tripartite Canon, in: Craig A. Evans/Emanuel Tov (Hgg.), Exploring the Origins of the Bible. Canon Formation in Historical, Literary, and Theological Perspective, Grand Rapids 2008, S. 87–127.

Dibelius, Martin, Art. Biblische Theologie und biblische Religionsgeschichte II. des NT, RGG[2], Bd. 1, Tübingen 1927, Sp. 1091–1094.

Dillmann, August, Handbuch der Alttestamentlichen Theologie, hg. v. Rudolf Kittel, Leipzig 1895.

Döderlein, Christian, Feyerliche Rede von den hohen Vorzügen der biblischen Theologie vor der scholastischen, Halle 1758.

Dohmeier, Hans-Jürgen, Die Grundzüge der Theologie Johann Philipp Gablers, Münster 1976.

Dörrfuss, Ernst Michael, Mose in den Chronikbüchern. Garant theokratischer Zukunftserwartung, BZAW 219, Berlin/New York 1994.

Duhm, Bernhard, Das Buch Jesaja, Göttingen [4]1922 = Göttingen [5]1968.

– Anmerkungen zu den Zwölf Propheten, Giessen 1911.

– Das Buch Jeremia, KHC XI, Tübingen/Leipzig 1901.

– Das Geheimnis in der Religion, Freiburg i. Br. 1896.

– Über Ziel und Methode der theologischen Wissenschaft, Basel 1889.

Ebeling, Gerhard, Evangelische Evangelienauslegung. Eine Untersuchung zu Luthers Hermeneutik, FGLP X/1, München 1942, Tübingen [3]1991.

– Art. Theologie. I. Begriffsgeschichtlich, RGG3, Bd. 6, Tübingen 1962, Sp. 754–769.

– Studium der Theologie. Eine enzyklopädische Einführung, UTB 446, Tübingen 1972.

– Was heißt ‹Biblische Theologie›?, in: ders., Wort und Glaube, Tübingen 1960, 69–89.

Eichrodt, Walther, Theologie des Alten Testaments. Teil 2+3: Gott und Welt – Gott und Mensch, Stuttgart/Göttingen [5]1964.

– Hat die alttestamentliche Theologie noch selbständige Bedeutung innerhalb der alttestamentlichen Wissenschaft? ZAW 47 (1929), S. 83–91.

Eissfeldt, Otto, Israelitisch-jüdische Religionsgeschichte und alttestamentliche Theologie, ZAW 44 (1926), S. 1–12 = Kleine Schriften, Band I, Tübingen 1962, S. 105–114.

Elliger, Karl, Deuterojesaja. 1. Jesaja 40,1–45,7, BK XI/1, Neukirchen-Vluyn 1989.

Ewald, Heinrich Georg August, Die Lehre der Bibel von Gott, oder Theologie des alten und neuen Bundes, Leipzig 1871–1876.

Ewald, Heinrich, Geschichte des Volkes Israel, Bd. 1, Göttingen 1843.

Fantalkin, Alexander/Tal, Oren, The Canonization of the Pentateuch: When and Why?, ZAW 124 (2012), S. 1–18.201–212.

Feil, Ernst, Religio. Bd. 4: Die Geschichte eines neuzeitlichen Grundbegriffs im 18. und frühen 19. Jahrhundert, FKD 91, Göttingen 2007.

Finkelstein, Israel/Silberman, Neil Asher, The Bible Unearthed, New York u. a. 2001, dt.: Keine Posaunen vor Jericho. Die archäologische Wahrheit über die Bibel, München 2002.

Fischer, Georg, Theologien des Alten Testaments, NSK.AT 31, Stuttgart 2012.

Fishbane, Michael (Hg.), The Midrashic Imagination. Jewish Exegesis, Thought and History, Albany 1993.

Fishbane, Michael, Biblical Interpretation in Ancient Israel, Oxford 1985.

Fitzgerald, Aloysius, The Mythological Background for the Presentation of Jerusalem as a Queen and False Worship as Adultery in the OT, CBQ 34 (1972), 403–416.

Fleming, Daniel E., The Legacy of Israel in Judah's Bible. History, Politics, and the Reinscribing of Tradition, Cambidge 2012.

Flint, Peter W./Miller, Patrick D. (Hgg.), The Book of Psalms. Composition and Reception, FIOTL 4/VT.S 99, Leiden u. a. 2005.

Fohrer, Georg, Geschichte der israelitischen Religion, Berlin 1969.

Frevel, Christian, Mit Blick auf das Land die Schöpfung erinnern. Zum Ende der Priestergrundschrift, HBS 23, Freiburg i. Br. u. a. 2000.

Frey, Jörg, Die johanneische Theologie als Klimax der neutestamentlichen Theologie, ZThK 107 (2010), S. 448–478.

– «Ich habe den Herrn gesehen» (Joh 20,18). Entstehung, Inhalt und Vermittlung des Osterglaubens nach Johannes 20, in: Andreas Dettwiler/Uta Poplutz (Hgg.), Studien zu Matthäus und Johannes. Études sur Matthieu et Jean. Festschrift für Jean Zumstein zu seinem 65. Geburtstag. Mélanges offerts à Jean Zumstein pour son 65e anniversaire, AThANT 97, Zürich 2009, S. 267–284

– Zum Problem der Aufgabe und Durchführung einer Theologie des Neuen Testaments, in: Cilliers Breytenbach/ders. (Hgg.), Aufgabe und Durchführung einer Theologie des Neuen Testaments, WUNT 205, Tübingen 2007, S. 3–53.

Frymer-Kenski, Tikva, The Emergence of Jewish Biblical Theologies, in: Alice Ogden Bellis/Joel S. Kaminsky (Hgg.), Jews, Christians, and the Theology of the Hebrew Scriptures, SBL.SS 8, Atlanta 2000, S. 109–121.

Fürst, Julius, *Emunot we-De'ot* oder Glaubenslehren und Philosophie von Sa'adja Fajjumi. Aus dem Hebräischen mit theilweiser Benutzung des Arabischen übersetzt, Leipzig 1845 (repr. Hildesheim 1970).

García Martínez, Florentino, *Qumranica minora* I. Qumran Origins and Apocalypticism, STDJ 63, Leiden u. a. 2007.

Gerstenberger, Erhard, Theologien im Alten Testament. Pluralität und Synkretismus alttestamentlichen Gottesglaubens, Stuttgart u. a. 2001.

Gertz, Jan Christian (Hg.), Grundinformation Altes Testament. Eine Einführung in Literatur, Religion und Geschichte des Alten Testaments, UTB 2745, Göttingen ³2009.

– Antibabylonische Polemik im priesterlichen Schöpfungsbericht?, ZThK 106 (2009), S. 137–155.

– Tradition und Redaktion in der Exoduserzählung. Untersuchungen zur Endredaktion des Pentateuch, FRLANT 186, Göttingen 2000.

Gesundheit, Shimon, Gibt es eine jüdische Theologie der Hebräischen Bibel?, in: Bernd Janowski (Hg.), Theologie und Exegese des Alten Testaments/der Hebräischen Bibel. Zwischenbilanz und Zukunftsperspektiven, SBS 200, Stuttgart 2005, S. 73–86.

Geyer, Bernhard, Facultas theologica. Eine bedeutungsgeschichtliche Untersuchung, ZKG 75 (1964), S. 133–145.

Gladigow, Burkhard, Friedrich Schleiermacher (1768–1834), in: Axel Michaels (Hg.), Klassiker der Religionswissenschaft: von Friedrich Schleiermacher bis Mircea Eliade, München 1997, S. 17–27.359–362.

Graetz, Heinrich, Geschichte der Juden. Vom Untergang des Jüdischen Staates bis zum Abschluss des Talmud, Bd. 4, Berlin 1896 = [4]1908.

Gramberg, Carl Peter Wilhelm, Kritische Geschichte der Religionsideen des Alten Testaments, Berlin 1829–1830.

Grondin, Jean, Einführung in die philosophische Hermeneutik, Darmstadt 2001.

Grund, Alexandra, Die Entstehung des Sabbats. Seine Bedeutung für Israels Zeitkonzept und Erinnerungskultur, FAT 75, Tübingen 2011.

Gunkel, Hermann, Art. Biblische Theologie und biblische Religionsgeschichte I. des AT, RGG[2], Bd. 1, Tübingen 1927, Sp. 1089–1091.

– Genesis, HKAT I/1, Göttingen 1901.

Gunneweg, Antonius Hermann Joseph, Das Gesetz und die Propheten, ZAW 102 (1990), S. 169–180.

Gyllenberg, Rafael, Die Unmöglichkeit einer Theologie des Alten Testaments, in: Ernst Plates (Hg.), In piam memoriam Alexander von Bulmerincq, Abhandlungen der Herder-Gesellschaft und des Herder Instituts zu Riga Bd. 6, Riga 1938, S. 64–68.

Haacker, Klaus/Schäfer, Peter, Nachbiblische Traditionen vom Tod des Mose, in: Otto Betz u. a. (Hgg.), Josephus-Studien, Untersuchungen zu Josephus, dem antiken Judentum und dem Neuen Testament. Otto Michel zum 70. Geburtstag gewidmet, Göttingen 1974, S. 147–174.

Habermas, Jürgen, Theorie des kommunikativen Handelns (1981), stw 1175, Frankfurt a. M. 1995.

Halivni, David Weiss, Peshat und Derash. Plain and Applied Meaning in Rabbinic Exegesis, New York/Oxford 1991.

Hall, Stuart G., Art. Theologie im spätantiken Christentum, TRE 33, Berlin/New York 2002, S. 272–276.

Harnack, Adolf von, Die Aufgabe der theologischen Facultäten und die allgemeine Religionsgeschichte. Rede zur Gedächtnisfeier des Stifters der Berliner Universität König Friedrich Wilhelm II. in der Aula derselben am 3. August 1901 gehalten von Adolf Harnack, Berlin 1901 = Reden und Aufsätze, Bd. 2, Gießen 1905, S. 159–178.

Hävernick, Heinrich Andreas Christoph, Vorlesungen über die Theologie des Alten Testaments, Erlangen 1848.

Hayes, John Haralson/Prussner, Frederick, Old testament theology. Its history and development, London 1985.

Hayoun, Maurice-Ruben, L'exégèse philosophique dans le judaïsme médiéval, TSMJ 7, Tübingen 1992.

Hazony, Yoram, The Philosophy of Hebrew Scripture. An Introduction, Cambridge 2012.

Heckl, Raik, Wann ist mit dem Abschluss des Pentateuchs zu rechnen? Zur Bedeutung von Hekataios von Abdera für die Literargeschichte Israels, WO 39 (2009), S. 184–204.

Helmer, Christine, Biblical Theology. Bridge Over Many Waters, CBR 3 (2005), S. 169–196.

Hendel, Ron, A Hasmonean Edition of MT Genesis? The Implications of the Editions of the Chronology in Genesis 5, HeBAI 1 (2012).

Hermisson, Hans-Jürgen, Alttestamentliche Theologie und Religionsgeschichte Israels, ThLZ.F 3, Leipzig 2000.

Hess, Hans Eberhard, Theologie und Religion bei Johann Salomo Semler: Ein Beitrag zur Theologiegeschichte des 18. Jahrhunderts, Augsburg o. J. [1974].

Hitzig, Ferdinand, Ferdinand Hitzig's Vorlesungen über biblische Theologie und messianische Weissagungen des Alten Testaments, Kneucker, J. J. (Hg.), Karlsruhe 1880.

Hofmann, Johann Georg, Oratio de theologiae biblicae praestantia, Altdorf 1770.

Horgan, Maurya P., Pesharim. Qumran Interpretations of Biblical Books, CBQ.MS 8, Washington 1979.

Hornig, Gottfried, Johann Salomo Semler. Studien zu Leben und Werk des Hallenser Aufklärungstheologen, Hallesche Beiträge zur Europäischen Aufklärung 2, Tübingen 1996.

Hufnagel, Wilhelm Friedrich, Handbuch der Biblischen Theologie, Erlangen 1785–1789.

Jacobs, Louis, Art. Theology, EJ 15, Jerusalem 1971, S. 1103–1110.

Janowski, Bernd, Freude an der Tora. Psalm 1 als Tor zum Psalter, EvTh 67 (2007), S. 18–31.

– / Welker, Michael, Art. Biblische Theologie, RGG[4], Bd. 1, Tübingen 1998, S. 1544–1552.

Japhet, Sara, 1 Chronik, HThK.AT, Freiburg i. Br. u. a. 2002.

– The Ideology of the Book of Chronicles and Its Place in Biblical Thought, BEAT 9, Frankfurt am Main 1997.

Jeremias, Jörg, Zur Theologie Obadjas. Die Auslegung von Jer 49,7–16 durch Obadja, in: Rüdiger Lux/Ernst-Joachim Waschke (Hgg.), Die unwiderstehliche Wahrheit. Studien zur alttestamentlichen Prophetie, FS Arndt Meinhold, ABG 23, Leipzig 2006, S. 269–282.

– Neuere Entwürfe zu einer «Theologie des Alten Testaments», in: Bernd Janowski, Theologie und Exegese des Alten Testaments/der Hebräischen Bibel. Zwischenbilanz und Zukunftsperspektiven, SBS 200, Stuttgart 2005, 125–158.

– Hosea und Amos. Studien zu den Anfängen des Dodekapropheton, FAT 13, Tübingen 1995.

– Das Proprium der alttestamentlichen Prophetie, ThLZ 119 (1994), S. 483–494.

– Der Prophet Hosea, ATD 24,1, Göttingen 1983.

Josephus, Flavius, Contra Apionem. Buch I. Einleitung, Text, Textkritischer Apparat, Übersetzung und Kommentar von Dagmar Labow, BWANT 167, Stuttgart 2005.

Jüngel, Eberhard, Besinnung auf 50 Jahre theologische Existenz, ThLZ 128 (2003), S. 471–484.

– Gottes Sein ist im Werden. Verantwortliche Rede vom Sein Gottes bei Karl Barth. Eine Paraphrase, Tübingen ⁴1986.

Karrer, Martin, Septuaginta und Philosophie, in: Ulrich Dahmen/Johannes Schnocks (Hg.), Juda und Jerusalem in der Seleukidenzeit. Herrschaft – Widerstand – Identität. Festschrift für Heinz-Josef Fabry, BBB 159, Göttingen 2010, S. 191–212.

Käsemann, Ernst, Die Anfänge christlicher Theologie, ZThK 57 (1960), 162–185.

Kattenbusch, Ferdinand, Die Entstehung einer christlichen Theologie, ZThK 38 (1930), S. 161–205.

Kaufmann, Yehezkel, *Toledot Ha-Emunah Ha-Ysraelit*, 4 Bände, Jerusalem/Tel Aviv 1937–56, gekürzte Übersetzung: ders., The Religion of Israel: From the Beginning to the Babylonian Exile, übers. von M. Greenberg, Chicago 1960.

Kayser, August, Die Theologie des Alten Testaments in ihrer geschichtlichen Entwicklung dargestellt, Strassburg 1886 (neu barbeitet von Karl Marti ²1894).

Keel, Othmar, Die Geschichte Jerusalems und die Entstehung des Monotheismus. 2 Teilbände, OLB VI, 1, Göttingen 2007.

– Religionsgeschichte Israels oder Theologie des Alten Testaments?, in: Frank-Lothar Hossfeld (Hg.), Wieviel Systematik erlaubt die Schrift? Auf der Suche nach einer gesamtbiblischen Theologie, QD 185, Freiburg im Breisgau u. a. 2001, p. 88–109.

– / Uehlinger, Christoph, Göttinnen, Götter und Gottessymbole. Neue Erkenntnisse zur Religionsgeschichte Kanaans und Israels aufgrund bislang unerschlossener ikonographischer Quellen, QD 134, Freiburg im Breisgau u. a. 1992, ⁵2001.

Keller, Carl A., Rez. G. von Rad, Theologie des Alten Testaments I, ThZ 14 (1958), S. 306–309.

Kessler, Rainer, Die Querverweise im Pentateuch. Überlieferungsgeschichtliche Untersuchung der expliziten Querverbindungen innerhalb des vorpriesterlichen Pentateuchs, Heidelberg 1972.

Kiesow, Klaus, Exodustexte im Jesajabuch. Literarische und motivgeschichtliche Analysen, OBO 24, Fribourg 1979.

Kittel, Rudolf, Die Zukunft der alttestamentlichen Wissenschaft, ZAW 39 (1921), S. 84–99.

Klimkeit, Hans-Joachim, Friedrich Max Müller (1823–1900), in: Axel Michaels (Hg.), Klassiker der Religionswissenschaft: von Friedrich Schleiermacher bis Mircea Eliade. Beck 1997, S. 28–40.362–364.

Klumbies, Paul-Gerhard, Die Freiheit, Gott anders zu denken. Paulus und die Theologie, in: ders., Studien zur paulinischen Theologie, Schriftenreihe der Evangelischen Fachhochschule Freiburg 8, Münster 1999, S. 34–39.

Koch, Christoph, Vertrag, Treueid und Bund: Studien zur Rezeption des altorientalischen Vertragrechts im Deuteronomium und zur Ausbildung der Bundestheologie im Alten Testament, BZAW 383, Berlin/New York 2008.

Koch, Klaus, P – kein Redaktor! Erinnerung an zwei Eckdaten der Quellenscheidung, VT 37 (1987), S. 446–467.

Köckert, Matthias, Die Zehn Gebote, München 2007.

– Vätergott und Väterverheissungen. Eine Auseinandersetzung mit Albrecht Alt und seinen Erben, FRLANT 142, Göttingen 1988.

Köhler, Ludwig, Theologie des Alten Testaments, NThG, Tübingen (1936) [4]1966.

– Der hebräische Mensch. Eine Skizze. Mit einem Anhang: Die hebräische Rechtsgemeinde, Tübingen 1953.

– Ein Schweizer wird Schweizer. Jugenderinnerungen, Schaffhausen 1946.

– Alttestamentliche Theologie, I: ThR 7 (1935), S. 255–276, II: ThR 8 (1936), S. 55–69, III: ThR 8 (1936), S. 248–284.

Kohler, Kaufmann, Jewish Theology Systematically and Historically Considered, New York 1918.

König, E., Theologie des Alten Testaments, Stuttgart [3]1923.

Körtner, Ulrich Heinz Jürgen, Einführung in die theologische Hermeneutik, Darmstadt 2006.

Kratz, Reinhard Gregor, Innerbiblische Exegese und Redaktionsgeschichte im Lichte empirischer Evidenz, in: ders., Das Judentum im Zeitalter des Zweiten Tempels, FAT 42, Tübingen 2004, S. 126–156.

– Die Propheten Israels, München 2003.

– Die Worte des Amos von Tekoa, in: Matthias Köckert/Martti Nissinen (Hgg.), Propheten in Mari, Assyrien und Israel, FRLANT 201, Göttingen 2003, S. 54–89

– Auslegen und Erklären. Über die theologische Bedeutung der Bibelkritik nach Johann Philipp Gabler, in: Karl-Wilhelm Niebuhr/Christfried Böttrich (Hgg.), Johann Philipp Gabler 1753–1826 zum 250. Geburtstag, Leipzig 2003, S. 53–74.

– Das Neue in der Prophetie des Alten Testaments, in: Irmtraud Fischer u. a. (Hgg.), Prophetie in Israel. Beiträge des Symposiums «Das Alte Testament und die Kultur der Moderne» anlässlich des 100. Geburtstags Gerhard von Rads (1901–1971), Heidelberg, 18.–21. Oktober 2001, ATM 11, Münster 2003, S. 1–22 = ders., Prophetenstudien. Kleine Schriften II, FAT 74, Tübingen 2011, S. 49–70.

– Noch einmal: Theologie im Alten Testament, in: Christoph Bultmann u. a. (Hgg.), Vergegenwärtigung des Alten Testaments. Beiträge zur biblischen Hermeneutik. Festschrift für Rudolf Smend zum 70. Geburtstag, Göttingen 2002, S. 310–326.

– Die Komposition der erzählenden Bücher des Alten Testaments, UTB 2137, Göttingen 2000.

– Der literarische Ort des Deuteronomium, in: ders. (Hg.), Liebe und Gebot. Studien zum Deuteronomium. Festschrift zum 70. Geburtstag von Lothar Perlitt, FRLANT 190, Göttingen 2000, S. 101–120.

– Der Anfang des Zweiten Jesaja in Jes 40,1f. und das Jeremiabuch, ZAW 106 (1994), S. 243–261 = ders., Prophetenstudien. Kleine Schriften II, FAT 74, Tübingen 2011, S. 216–232.

– Art. Redaktionsgeschichte I. Altes Testament, TRE 28, Berlin/New York 1997, S. 367–378.

– Die Redaktion der Prophetenbücher, in: Reinhard Gregor Kratz/Thomas Krüger (Hgg.), Rezeption und Auslegung im Alten Testament und in seinem Umfeld, OBO 153, Fribourg/Göttingen 1997, S. 9–27.

– Die Tora Davids. Psalm 1 und die doxologische Fünfteilung des Psalters, ZThK 93 (1996), S. 1–34.

– Kyros im Deuterojesaja-Buch. Redaktionsgeschichtliche Untersuchungen zu Entstehung und Theologie von Jes 40–55, FAT 1, Tübingen 1991.

Kraus, Hans-Joachim, Die biblische Theologie: ihre Geschichte und Problematik, Neukirchen-Vluyn 1970.

Krauter, Stefan, Brevard S. Childs' Programm einer Biblischen Theologie. Eine Untersuchung seiner systematisch-theologischen und methodologischen Fundamente, ZThK 96 (1999), S. 22–48.

Kreuzer, Helmut (Hg.), Die zwei Kulturen. Literarische und naturwissenschaftliche Intelligenz. C. P. Snows These in der Diskussion, München 1987.

Kreuzer, Siegfried, Entstehung und Entwicklung der Septuaginta im Kontext alexandrinischer und frühjüdischer Kultur und Bildung, in: Martin Karrer/Wolfgang Kraus (Hgg.), Septuaginta Deutsch. Erläuterungen und Kommentare zum griechischen Alten Testament. Band I: Genesis bis Makkabäer, Stuttgart 2011, S. 3–39.

Krüger, Thomas, Wahrheit der Schrift – Wahrheit der Auslegung: Zur Bedeutung der Bibel für die theologische Wahrheitsfindung, in: Wilfried Härle/Reiner Preul (Hg.), Marburger Jahrbuch Theologie XXI: Wahrheit, Marburger Theologische Studien 107, Leipzig 2009, S. 43–59.

– Dekonstruktion und Rekonstruktion prophetischer Eschatologie im Qohelet-Buch, in: Anja A. Diesel u. a. (Hgg.), «Jedes Ding hat seine Zeit ...»: Studien zur israelitischen und altorientalischen Weisheit. Diethelm Michel zum 65. Geburtstag, BZAW 241, Berlin/New York 1996, S. 107–129 = ders., Kritische Weisheit. Studien zur weisheitlichen Traditionskritik im Alten Testament, Zürich 1997, S. 151–172.

Kuenen, Abraham, De Godsdienst van Israel tot den Ondergang von den joodschen Staat, Haarlem 1869/1870.

Kugel, James, The Figure of Moses in the Book of Jubilees, HeBAI 1 (2012), S. 77–92.

Kvanvig, Helge S., Gen 6,1–4 as an Antediluvian Event, SJOT 16 (2002), S. 79–112.

Laato, Antti/Ruiten, Jacques van (Hgg.), Rewritten Bible Reconsidered. Proceedings of the Conference in Karkku, Finland, August 24–26, 2006, Studies in Rewritten Bible 1, Turku 2008.

Lang, Bernhard, The «Writings»: A Hellenistic Literary Canon in the Hebrew Bible, in: Arie van der Kooij/Karel van der Toorn (Hgg.), Canonization and Decanonization. Papers Presented to the International Conference of the Leiden Institute for the Study of Religion (LISOR). Held at Leiden 9–10 January 1997, SHR 82, Leiden u. a. 1997, S. 41–65.

Lange, Armin, Die Endgestalt des protomasoretischen Psalters und die Toraweisheit. Zur Bedeutung der nichtessenischen Weisheitstexte aus Qumran für die Auslegung des protomasoretischen Psalters, in: Erich Zenger (Hg.), Der Psalter in Judentum und Christentum, HBS 18, Freiburg im Breisgau 1998, S. 101–136.

Lemche, Niels Peter, Warum die Theologie des Alten Testaments einen Irrweg darstellt, JBTh 10 (1995) S. 79–92.

Leuenberger, Martin, «... und ein zweischneidiges Schwert in ihrer Hand» (Ps 149,6). Beobachtungen zur theologiegeschichtlichen Verortung von Ps 149, in: Erich Zenger (Hg.), The Composition of the Book of Psalms, BEThL 238, Leuven 2010, S. 635–642.

– Aufbau und Pragmatik des 11QPs^a-Psalters, RdQ 22 (2005), S. 165–211.

– Konzeptionen des Königtums Gottes im Psalter, AThANT 83, Zürich 2004.

Levenson, Jon D., Category Error, Jewish Review of Books 11 (2012), online abrufbar unter: http://www.jewishreviewofbooks.com/publications/detail/ category-error

– Warum Juden sich nicht für biblische Theologie interessieren, EvTh 51 (1991), 402–430.

Levin, Christoph, Integrativer Monotheismus im Alten Testament, ZThK 109 (2012), S. 153–175.

– Das synchronistische Exzerpt aus den Annalen der Könige von Israel und Juda, VT 61 (2011), S. 616–628.

– Das Alte Testament auf dem Weg zu seiner Theologie, ZThK Bd. 105 Heft 2 (2008), S. 125–145.

– Das Wort Jahwes an Jeremia. Zur ältesten Redaktion der jeremianischen Sammlung, ZThK 101 (2004), S. 257–280.

– Das Alte Testament, München 2001.

– Der Jahwist, FRLANT 157, Göttingen 1993.

– Die Verheißung des neuen Bundes in ihrem theologiegeschichtlichen Zusammenhang ausgelegt, FRLANT 137, Göttingen 1985.

Levinson, Bernard M./Stackert, Jeffrey, Between the Covenant Code and Esarhaddon's Succession Treaty. Deuteronomy 13 and the Composition of Deuteronomy, JAJ 4 (2012), S. 122–140.

Levinson, Bernard M., A More Perfect Torah. At the Intersection of Philology and Hermeneutics in Deuteronomy and the Temple Scroll, CSHB 1, Winona Lake 2012.

– Der kreative Kanon. Innerbiblische Schirftauslegung und religionsgeschichtlicher Wandel im alten Israel, Tübingen 2012.

– The Manumission of Hermeneutics. The Slave Laws of the Pentateuch as a Challenge to Contemporary Pentateuch Theory, in: André Lemaire (Hg.), Congress Volume Leiden 2004, VT.S 109, Leiden 2006, S. 281–324.

Lohfink, Norbert, Alttestamentliche Wissenschaft als Theologie? 44 Thesen, in: Frank-Lothar Hossfeld (Hg.), Wieviel Systematik erlaubt die Schrift? Auf der Suche nach einer gesamtbiblischen Theologie, QD 185, Freiburg i. Br. u. a. 2001, S. 13–47.

– Moses Tod, die Tora und die alttestamentliche Sonntagslesung, ThPh 71 (1996), S. 481–494.

Macchi, Jean-Daniel, «Ne ressassez plus les choses d'autrefois». Esaïe 43,16–21, un surprenant regard deutéro-ésaïen sur le passé, ZAW 121 (2009), S. 225–241.

Maier, Christl, Jeremia als Lehrer der Tora. Soziale Gebote des Deuteronomiums in Fortschreibungen des Jeremiabuches, FRLANT 196, Göttingen 2002.

Maier, Johann, Psalm 1 im Licht antiker jüdischer Zeugnisse, in: Manfred Oeming/ Axel Graupner (Hg.), Altes Testament und christliche Verkündigung. Festschrift für Antonius H. J. Gunneweg, Stuttgart 1987, S. 353–365.

Markschies, Christoph, Hellenisierung des Christentums: Geschichte und Bedeutung eines umstrittenen Konzepts, ThLZ.F 25, Leipzig 2012.

– Kaiserzeitliche christliche Theologie und ihre Institutionen. Prolegomena zu einer Geschichte der antiken christlichen Theologie, Tübingen 2007.

Marti, Karl, Geschichte der Israelitischen Religion. 3., verb. Aufl. von August Kayser's Theologie des Alten Testaments, Strassburg [3]1897.

Mayes, Andrew David Hastings, Deuteronomy, NCeB, London 1979.

McDonald, Lee Martin, The Biblical Canon: Its Origin, Transmission, and Authority, Peabody [3]2007.

McKane, William, A Critical and Exegetical Commentary on Jeremiah. Vol. II: XXVI–LII, ICC, Edinburgh 1996.

– A Critical and Exegetical Commentary on Jeremiah. Vol. I: Introduction and Commentary on Jeremiah I–XXV, ICC, Edinburgh 1986.

Mendels, Doron/Edrei, Arye, Zweierlei Diaspora. Zur Spaltung der antiken jüdischen Welt, Toldot 8, Göttingen 2010.

Merk, Otto, Biblische Theologie des Neuen Testaments in ihrer Anfangszeit. Ihre methodischen Probleme bei Johann Philipp Gabler und Georg Lorenz Bauer und deren Nachwirkungen, MThSt 9, Marburg 1972.

Metzenthin, Christian, Jesaja-Auslegung in Qumran, AThANT 98, Zürich 2010.

Michaels, Axel/Pezzoli-Olgiati, Daria/Stolz, Fritz (Hgg.), Noch eine Chance für die Religionsphänomenologie?, Bern u. a. 2001.

Müller, Friedrich Max, Vedic Hymns, Vol. 1 of 2, Oxford 1891.

– The Upanishads, Part 2 of 2, Oxford 1884.

– The Upanishads, Part 1 of 2, Oxford 1879.

– Einleitung in die vergleichende Religionswissenschaft. Vier Vorlesungen aus dem Jahr 1870 an der Royal Institution in London gehalten nebst zwei Essays «Über falsche Analogien» und «Über Philosophie der Mythologie», Strassburg 1876.

Najman, Hindy, The Vitality of Scripture Within and Beyond the «Canon», JSJ 43 (2012), S. 497–518.

Navè Levinson, Pnina, Einführung in die rabbinische Theologie, Darmstadt [3]1993.

Neumark, David, The Philosophy of the Bible, Cincinnati 1918.

Neusner, Jacob, Rabbinic Judaism. The Theological System, Leiden 2002.

Nihan, Christophe, La mort de Moïse (Nb 20,1–13; 20,22–29; 27,12–23) et l'édition finale du livre des Nombres, in: Thomas Römer/Konrad Schmid (Hgg.), Les dernières rédactions du Pentateuque, de l'Hexateuque et de l'Ennéateuque, BEThL 203, Leuven 2007, p. 145–182.

Nissinen, Martti, How Prophecy Became Literature, SJOT 19 (2005), S. 153–172.

– What is Prophecy? An Ancient Near Eastern Perspective, in: John Kaltner/Louis Stulman (Hgg.), Inspired Speech: Prophecy in the Ancient Near East. Essays in Honor of Herbert B. Huffmon (JSOT.S378), London/New York 2004, S. 17–37.

– Spoken, Written, Quoted, and Invented: Orality and Writtenness in Ancient Near Eastern Prophecy, in: Ehud Ben Zvi, Michael H. Floyd (Hgg.), Writings and Speech in Israelite and Ancient Near Eastern Prophecy, SBL.SS 10, Atlanta 2000, S. 235–271.

Nocquet, Daniel, La mort des patriarches, d'Aaron et de Moïse. L'apport de l'écriture sacerdotale à la constitution du Pentateuque à l'époque perse, Transeuphratène 29 (2005), p. 133–153.

Oehler, Gustav Friedrich, Theologie des Alten Testaments, Stuttgart ³1891.

Oeming, Manfred, Ermitteln und Vermitteln. Grundentscheidungen bei der Konzeption einer Theologie des Alten Testament, in: ders., Verstehen und Glauben. Exegetische Bausteine zu einer Theologie des Alten Testaments, BBB 142, Berlin/Wien 2003, S. 9–48.

Olson, Dennis T., Deuteronomy and the death of Moses. A theological reading, OBT, Minneapolis 1994.

Origenes, Origenes' Johanneskommentar, Buch I–V, herausgegeben, übersetzt und kommentiert von Hans Georg Thümmel, STAC 63, Tübingen 2011.

Otto, Eckart, Jeremia und die Tora. Ein nachexilischer Diskurs, in: ders., Die Tora. Studien zum Pentateuch. Gesammelte Schriften, BZAR 9, Wiesbaden 2009, S. 515–560.

– Recht und Ethos in der ost- und westmediterranen Antike, in: ders., Altorientalische und biblische Rechtsgeschichte. Gesammelte Studien, BZAR 8, Wiesbaden 2008, S. 619–636.

– Exkarnation ins Recht und Kanonsbildung in der Hebräischen Bibel. Zu einem Vorschlag von Jan Assmann, in: ders., Altorientalische und biblische Rechtsgeschichte. Gesammelte Studien, BZAR 8, Wiesbaden 2008, S. 507–518.

– Das Deuteronomium: Politische Theologie und Rechtsreform in Juda und Assyrien, BZAW 284, Berlin/New York 1999.

– Art. Bundesbuch, RGG⁴, Bd. 1, Tübingen 1998, S. 1876–1877.

– Art. Recht/Rechtstheologie/Rechtsphilosophie I., TRE 28, Berlin/New York 1997, S. 197–209.

– Techniken der Rechtssatzredaktion israelitischer Rechtsbücher in der Redaktion des Prophetenbuches Micha, SJOT 2 (1991), S. 119–150.

– «Nicht darfst du zu diesen Worten etwas hinzufügen». Die Rezeption des Deuteronomiums in der Tempelrolle: Sprache, Autoren und Hermeneutik, BZAR 11, Wiesbaden 2009.

Pakkala, Juha, Ezra the Scribe, The Development of Ezra 7–10 and Nehemia 8, BZAW 347, Berlin/New York 2004.

Pannenberg, Wolfhart, Die Aufnahme des philosophischen Gottesbegriffes als dogmatisches Problem der frühchristlichen Theologie, ZKG 70 (1959), S. 1–45 = ders., Grundfragen systematischer Theologie. Gesammelte Aufsätze, Göttingen (1967) ³1979, S. 296–346.

Parpola, Simo, Assyrian Prophecies, SAA 9, Helsinki 1997.

Paul, Shalom, Isaiah 40–66. Translation and Commentary, ECC, Grand Rapids 2012 (hebr. 2008).

Perlitt, Lothar, Priesterschrift im Deuteronomium?, ZAW 100 Suppl. (1988), S. 65–87.

– Vatke und Wellhausen. Geschichtsphilosophische Voraussetzungen und historiographische Motive für die Darstellung der Religion und Geschichte Israels durch Wilhelm Vatke und Julius Wellhausen, BZAW 94, Berlin/New York 1965.

Plöger, Otto, Theokratie und Eschatologie, WMANT 2, Neukirchen-Vluyn ³1968.

Pohlmann, Karl-Friedrich, Die Ferne Gottes. Studien zum Jeremiabuch. Beiträge zu den «Konfessionen» im Jeremiabuch und ein Versuch zur Frage nach den Anfängen der Jeremiatradition, BZAW 179, Berlin/New York 1989.

Pohlmann, Karl-Friedrich, Zur Frage nach ältesten Texten im Ezechielbuch. Erwägungen zu Ez 17,19 und 31, in: Volkmar Fritz (Hg.), Prophet und Prophetenbuch. Festschrift für Otto Kaiser zum 65.Geburtstag, BZAW 185, Berlin/New York 1989, S. 150–172.

Preuss, Horst Dietrich, Theologie des Alten Testaments. Band 1: JHWHs erwählendes und verpflichtendes Handeln, Stuttgart 1991.

Procksch, Otto, Die Theologie des Alten Testaments, Gütersloh 1950.

Pury, Albert de, P^G as the Absolute Beginning, in: Thomas Römer/Konrad Schmid (Hgg.), Les dernières rédactions du Pentateuque, de l'Hexateuque et de l'Ennéateuque, BEThL 203, Leuven 2007, S. 99–128.

– Gottesname, Gottesbezeichnung und Gottesbegriff. 'Elohim als Indiz zur Entstehungsgeschichte des Pentateuch, in: Jan Christian Gertz u.a. (Hgg.), Abschied vom Jahwisten. Die Komposition des Hexateuch in der jüngsten Diskussion, BZAW 315, Berlin/New York 2002, S. 25–47.

– Abraham. The Priestly Writer's «Ecumenical» Ancestor, in: Steven L. McKenzie u. a. (Hgg.), Rethinking the Foundations. Historiography in the Ancient World and in the Bible. FS J. Van Seters, BZAW 294, Berlin/New York 2000, 163–181

– / Knauf, Ernst Axel, La théologie de l'Ancien Testament: kérygmatique ou descriptive?, ETR 70 (1995), S. 323–334.

Rad, Gerhard von, Offene Fragen im Umkreis einer Theologie des Alten Testaments (1963), in: ders., Gesammelte Studien zum Alten Testament II, TB 48, München 1973, S. 289–312.

– Theologie des Alten Testaments, Die Theologie der prophetischen Überlieferungen Israels, Bd. 2, München ⁹1987.

– Theologie des Alten Testaments, Die Theologie der geschichtlichen Überlieferungen Israels, Bd. 1, München 1957.

– Kritische Vorarbeiten zu einer Theologie des Alten Testaments, in: Liemar Hennig (Hg.), Theologie und Liturgie. Eine Gesamtschau der gegenwärtigen Forschung in Einzeldarstellungen, Kassel 1952, S. 11–34.

– Grundprobleme einer biblischen Theologie des Alten Testaments, ThLZ 68 (1943), S. 225–234.

Rendtorff, Rolf, Theologie des Alten Testaments. Ein kanonischer Entwurf, 2 Bände, Neukirchen-Vluyn 1999–2001.

– Das überlieferungsgeschichtliche Problem des Pentateuch, BZAW 147, Berlin/New York 1976.

Rendtorff, Trutz, Historische Bibelwissenschaft und Theologie. Über den Aufbau der Frage: Was ist christlich?, in: ders., Theorie des Christentums. Historisch-theologische Studien zu seiner neuzeitlichen Verfassung, Gütersloh 1972, S. 41–60.

– Kirche und Theologie. Die systematische Funktion des Kirchenbegriffs in der neueren Theologie, Gütersloh 1966.

Reventlow, Henning Graf von, Art. Theology (Biblical), History, of, ABD 6, New York u. a. 1992, S. 483–505.

– Hauptprobleme der Biblischen Theologie im 20. Jahrhundert, EdF 203, Darmstadt 1983.

– Hauptprobleme der alttestamentlichen Theologie im 20. Jahrhundert, EdF 173, Darmstadt 1982.

Rigger, Hansjörg, Siebzig Siebener. Die «Jahrwochenprophetie» in Dan 9, TThSt 57, Trier 1997.

Ringmüller, Joseph, Allgemeine Religions- und Staatsgeschichte von der Weltschöpfung an bis auf gegenwärtige Zeiten zum gemeinnützigen Gebrauche besonders der wirzburgischen Schulen, 2 Bde., Würzburg 1772.

Ritschl, Dietrich, Zur Logik der Theologie. Kurze Darstellung der Zusammenhänge theologischer Grundgedanken, München [2]1988.

– «Wahre», «reine» oder «neue» biblische Theologie? Einige Anfragen zur neueren Diskussion um «Biblische Theologie», JBTh 1 (1986), S. 135–150 = ders., Konzepte, Ökumene, Medizin, Ethik: Gesammelte Aufsätze, München 1986, S. 111–130.

Rogerson, John William, A Theology of the Old Testament. Cultural Memory, Communication, and Being Human, London 2009.

– What is religion? The challenge of Wilhelm Vatke's Biblische Theologie, in: Christoph Bultmann (Hg.), Vergegenwärtigung des Alten Testaments. Beiträge zur biblischen Hermeneutik, Göttingen 2002, S. 272–284.

Rom-Shiloni, Dalit, Actualization of Penateuchal Legal Traditions in Jeremiah. More on the Riddle of Authorship, ZAR 15 (2009), 254–281.

Römer, Thomas, The So-called Deuteronomistic History: A Sociological, Historical, and Literary Introduction, London/New York 2007.

– Israels Väter: Untersuchungen zur Väterthematik im Deuteronomium und in der deuteronomistischen Tradition, OBO 99, Fribourg/Göttingen 1990.

– / Brettler, Marc Zvi, Deuteronomy 34 and the case for a Persian Hexateuch, JBL 119 (2000), S. 401–419.

Rösel, Martin, Übersetzung als Vollendung der Auslegung. Studien zur Genesis–Septuaginta, BZAW 223, Berlin/New York 1994.

Rothen, Bernhard, Die Klarheit der Schrift. Teil 1: Martin Luther. Die wiederentdeckten Grundlagen, Göttingen 1990.

Rudolph, Wilhelm, Haggai – Sacharja – Maleachi, KAT XIII/4, Gütersloh 1976.

Rudolph, Ulrich, Islamische Philosophie. Von den Anfängen bis zur Gegenwart, München 2004.

– Art. Islamische Theologie, RGG[4], Bd. 4, Tübingen 2001, S. 259–262.

Sæbø, Magne, Johann Philipp Gablers Bedeutung für die biblische Theologie, ZAW 99 (1987), S. 1–16.

Sandys-Wunsch, John, What have they done to the Bible? A history of modern biblical interpretation, Collegeville 2005.

– /Eldredge, Laurence, J. P. Gabler and the Distinction between Biblical and Dogmatic Thelogy: Translation, Commentary and Discussion of His Originality, Scottish Journal of Theology 33 (1980), S. 133–158.

– G. T. Zachariae's Contribution to Biblical Theology, ZAW 92 (1980), S. 1–23.

– G. P. C. Kaiser: La théologie biblique et l'histoire des Religions, RHPhR 59 (1979), S. 391–396.

Scherer, Andreas, Vom Sinn prophetischer Gerichtsverkündigung bei Amos und Hosea, Bib. 86 (2005), S. 1–19.

Schmid, Hans Heinrich, Gerechtigkeit als Weltordnung. Hintergrund und Geschichte des alttestamentlichen Gerechtigkeitsbegriffes, BHTh 40, Tübingen 1968.

Schmid, Konrad, La formation de Neviim. Quelques observations sur la genèse rédactionnelle et les profils théologiques de Josué–Malachie, in: Jean-Daniel Macchi/Christophe Nihan/Thomas Römer/Jan Rückl (Hgg.), Recueils prophétiques de la Bible. Origines, milieux, et contexte proche-oriental, MoBi 64, Genève 2012, S. 115–142.

– Der Kanon und der Kult. Das Aufkommen der Schriftreligion im antiken Israel und die sukzessive Sublimierung des Tempelkultes, in: Angelika Berlejung/Raik Heckl (Hgg.), Ex oriente Lux. Studien zur Theologie des Alten Testaments, ABG 39, Leipzig 2012, S. 523–546.

– Schöpfung, TdT 4, Tübingen 2012.

– The Deuteronomistic Image of History as Interpretive Device in the Second Temple Period: Towards a Long-Term Interpretation of «Deuteronomism», in: Martti Nissinen (Hrsg.), Congress Volume Helsinki 2010, VT.S 148, Leiden 2012, S. 369–388.

– Jesaja 1–23, ZBK 19/1, Zürich 2011.

– Der Abschluss der Tora als exegetisches und historisches Problem, in: ders., Schriftgelehrte Traditionsliteratur. Fallstudien zur innerbiblischen Schriftauslegung im Alten Testament, FAT 77, Tübingen 2011, S. 159–184.

– Neue Schöpfung als Überbietung des neuen Exodus. Die tritojesajanische Aktualisierung der deuterojesajanischen Theologie und der Tora, in: ders., Schriftgelehrte Traditionsliteratur. Fallstudien zur innerbiblischen Schriftauslegung im Alten Testament, FAT 77, Tübingen 2011, S. 185–205.

– Die Verheißung eines kommenden Davididen und die Heimkehr der Diaspora. Die innerbiblische Aktualisierung von Jer 23,5f. in Jer 33,14–26, in: ders., Schriftgelehrte Traditionsliteratur. Fallstudien zur innerbiblischen Schriftauslegung im Alten Testament, FAT 77, Tübingen 2011, S. 207–221.

– Zeit und Geschichte als Determinanten biblischer Theologie. Überlegungen zum Wandel des Geschichtsverständnisses im Alten Testament, in: ders., Schriftgelehrte Traditionsliteratur. Fallstudien zur innerbiblischen Schriftauslegung im Alten Testament, FAT 77, Tübingen 2011, S. 299–322.

– Schriftgelehrte Traditionsliteratur. Fallstudien zur innerbiblischen Schriftauslegung im Alten Testament, FAT 77, Tübingen 2011.
– Literaturgeschichte des Alten Testaments. Aufgaben, Stand, Problemfelder und Perspektiven, ThLZ 136 (2011), S. 243–262.
– Sind die Historisch-Kritischen kritischer geworden? Überlegungen zu Stellung und Potential der Bibelwissenschaften, JBTh 25 (2011), S. 63–78.
– Nebukadnezars Antritt der Weltherrschaft und der Abbruch der Davidsdynastie. Innerbiblische Schriftauslegung und universalgeschichtliche Konstruktion im Jeremiabuch, in: Joachim Schaper (Hg.), Die Textualisierung der Religion im antiken Juda, FAT 62, Tübingen 2009, S. 150–166 = ders., Schriftgelehrte Traditionsliteratur, Fallstudien zur innerbiblischen Schriftauslegung im Alten Testament, FAT 77, Tübingen 2011, S. 223–241.
– Hintere Propheten, in: Jan Christian Gertz (Hg.), Grundinformation Altes Testament. Eine Einführung in Literatur, Religion und Geschichte des Alten Testaments, UTB 2745, Göttingen [4]2010, S. 313–412.
– Die Geschichte vom Sündenfall zwischen historischer Bibelkritik und Theologie. Die Kontroverse zwischen Ludwig Köhler, Emil Brunner und Hugo Gressmann aus dem Jahr 1926, in: Martin Kessler/Martin Wallraff (Hgg.), Biblische Theologie und historisches Denken. Wissenschaftsgeschichtliche Studien aus Anlass der 50. Wiederkehr der Basler Promotion von Rudolf Smend, Studien zur Geschichte der Wissenschaften in Basel N.F. 5, Basel 2008, S. 335–355.
– Literaturgeschichte des Alten Testaments. Eine Einführung, Darmstadt 2008.
– ersische Reichsautorisation und Tora, ThR 71 (2006), S. 494–506.
– Das Deuteronomium innerhalb der «deuteronomistischen Geschichtswerke» in Gen–2Kön, in: Eckart Otto/Reinhard Achenbach (Hgg.), Das Deuteronomium zwischen Pentateuch und deuteronomistischem Geschichtswerk, FRLANT 206, Göttingen 2004, 193–211
– Die Zerstörung Jerusalems und seines Tempels als Heilsparadox. Zur Zusammenführung von Geschichtstheologie und Anthropologie im Vierten Esrabuch, in: Johannes Hahn (Hg.), Zerstörungen des Jerusalemer Tempels. Geschehen – Wahrnehmung – Bewältigung, WUNT 147, Tübingen 2002, S. 183–206.
– Innerbiblische Schriftauslegung. Aspekte der Forschungsgeschichte, in: Reinhard Gregor Kratz/Thomas Krüger/Konrad Schmid (Hgg.), Schriftauslegung in der Schrift, BZAW 300, Berlin/New York 2000, S. 1–22.
– Erzväter und Exodus: Untersuchungen zur doppelten Begründung der Ursprünge Israels innerhalb der Geschichtsbücher des Alten Testaments, WMANT 81, Neukirchen-Vluyn 1999.
– Ausgelegte Schrift als Schrift. Innerbiblische Schriftauslegung und die Frage nach der theologischen Qualität biblischer Texte, in: Reiner Anselm/Stephan Schleissing, Klaus Tanner (Hgg.), Die Kunst des Auslegens. Zur Hermeneutik des Christentums in der Kultur der Gegenwart, Frankfurt a. M. u. a. 1999, S. 115–129.
– Buchgestalten des Jeremiabuches. Untersuchungen zur Redaktions- und Rezeptionsgeschichte von Jer 30–33 im Kontext des Buches, WMANT 72, Neukirchen-Vluyn 1996.

- Klassische und nachklassische Deutungen der alttestamentlichen Prophetie, Zeitschrift für Neuere Theologiegeschichte 3 (1996), S. 225–250.

Schmidt, Werner H., «Theologie des Alten Testaments» vor und nach Gerhard von Rad, in: ders., Vielfalt und Einheit alttestamentlichen Glaubens. Band 2: Psalmen und Weisheit, Theologische Anthropologie und Jeremia, Theologie des Alten Testaments, hg. von Axel Graupner u. a., Neukirchen-Vluyn 1995, 155–179.

Schniedewind, William M., How the Bible Became a Book. The Textualization of Ancient Israel, Cambridge 2004.

Scholder, Klaus, Ursprünge und Probleme der Bibelkritik im 17. Jahrhundert. Ein Beitrag zur Entstehung der historisch-kritischen Theologie, München 1966.

Schultz, Hermann, Alttestamentliche Theologie: die Offenbarungsreligion auf ihrer vorchristlichen Entwicklungsstufe, Göttingen [5]1896.

Schwöbel, Christoph, Art. Theologie, RGG[4], Bd. 8, Tübingen 2005, S. 255–306 (I. Begriffsgeschichte, RGG[4], Bd. 8, Tübingen 2005, S. 255–266; IV. Die Ausdifferenzierung der theologischen Disziplinen, RGG[4] 8, Tübingen 2005, S. 288–296).

Segal, Michael, Qumran Research in Israel. Rewritten Bible and Biblical Interpretation, in: Devorah Dimant (Hg.), The Dead Sea Scrolls in Scholarly Perspective. A History of Research, STDJ 99, Leiden 2012, S. 315–333.

- The Book of Jubilees. Rewritten Bible, Redaction, Ideology, and Theology, VT.S 117, Leiden 2007.

Semler, Johann Salomo, Ob der Geist des Widerchrists unser Zeitalter auszeichne? In freimütigen Briefen zur Erleichterung der Privatreligion der Christen beantwortet, Halle 1784.

Seybold, Klaus, Die Poetik der erzählenden Literatur im Alten Testament, Stuttgart 2006.

Siegert, Folker, Zwischen Hebräischer Bibel und Altem Testament. Eine Einführung in die Septuaginta, MJS 9, Münster 2001.

- Die hellenistisch-jüdische Theologie als Forschungsaufgabe, in: ders./Jürgen U. Kalms (Hgg.), Internationales Josephus-Kolloquium Münster 1997. Vorträge aus dem Institutum Judaicum Delitzschianum, MJSt 2, Münster 1998, S. 9–30.

Ska, Jean-Louis, Le recit sacerdotal: Une «histoire sans fin»?, in: Thomas Römer (Hg.), The books of Leviticus and Numbers, BETL 215, Leuven 2008, S. 631–654.

Smend, Rudolf, Julius Wellhausen. Ein Bahnbrecher in drei Disziplinen, Göttingen 2006.

- Smend, Rudolf, Theologie im Alten Testament, in: Eberhard Jüngel u. a. (Hg.), Verifikationen FS Gerhard Ebeling, Tübingen 1982, S. 11–26 = ders., Die Mitte des Alten Testaments. Exegetische Aufsätze, Tübingen 2002, S. 75–88.

- Ludwig Köhler, in: Christoph Bizer u. a. (Hgg.), Theologisches geschenkt. FS M. Josuttis, Bovenden 1996, S. 185–195.

- Johann Philipp Gablers Begründung der biblischen Theologie, EvTh 22 (1962), S. 345–357.

- Lehrbuch der alttestamentlichen Religionsgeschichte, Freiburg i. Br./Leipzig/ Tübingen [2]1899.

Snow, Charles P., The Two Cultures, Encounter 12 (1959), S. 17–25.

Sommer, Benjamin, Psalm 1 and the Canonical Shaping of Jewish Scripture, in: Isaac Kalimi (Hg.), Jewish Bible Theology. Perspective and Case Studies, Winona Lake 2012, S. 199–221.

– Dialogical Biblical Theology. A Jewish Approach to Reading Scripture Theologically, in: Leo G. Perdue u. a. (Hgg.), Biblical Theology. Introduction and Conversation, Nashville 2009, S. 1–53.

Spieckermann, Hermann, Art. Theologie II/1.1. Altes Testament, TRE 33, Berlin 2002, S. 264–268.

Spriggs, David George, Two Old Testament Theologies. A Comparative Evaluation of the Contributions of Eichrodt and von Rad to our Understanding of the Nature of Old Testament Theology, London 1974.

Stade, Bernhard, Über die Aufgabe der biblischen Theologie des Alten Testaments, ZThK 3 (1893), S. 3–51 = ders., Akademische Reden und Abhandlungen, Giessen 1907, S. 77–96.

– Biblische Theologie des Alten Testaments. I. Die Religion Israels und die Entstehung des Judentums, Grundriss der Theologischen Wissenschaften II/2, Tübingen 1905.

Staerk, Willy, Religionsgeschichte und Religionsphilosophie in ihrer Bedeutung für die biblische Theologie des Alten Testaments, ZThK N.F. 4 (1923), S. 289–300.

Steck, Odil Hannes, Gott in der Zeit entdecken. Die Prophetenbücher des Alten Testaments als Vorbild für Theologie und Kirche, BThSt 42, Neukirchen-Vluyn 2001.

– Der neue Himmel und die neue Erde. Beobachtungen zur Rezeption von Gen 1–3 in Jes 65,16b–25, in: Jacques van Ruiten/Marc Vervenne (Hgg.), Studies in the Book of Isaiah. Festschrift Willem A.M. Beuken, BEThL 132, Leuven 1997, S. 349–365.

– Die Prophetenbücher und ihr theologisches Zeugnis. Wege der Nachfrage und Fährten zur Antwort, Tübingen 1996.

– Der Kanon des hebräischen Alten Testaments, in: Wolfhart Pannenberg/Theodor Schneider (Hgg.), Verbindliches Zeugnis I, DiKi 7, Freiburg im Breisgau/Göttingen 1992, S. 11–33.

– Der Abschluß der Prophetie im Alten Testament. Ein Versuch zur Vorgeschichte des Kanons, BThSt 17, Neukirchen-Vluyn 1991.

– Bereitete Heimkehr. Jesaja 35 als redaktionelle Brücke zwischen dem Ersten und dem Zweiten Jesaja, SBS 121, Stuttgart 1985.

– Deuterojesaja als theologischer Denker, in: ders., Wahrnehmungen Gottes im Alten Testament. Gesammelte Studien, ThB 70, München 1982, S. 204–220.

– Überlegungen zur Eigenart der spätisraelitischen Apokalyptik, in: Jörg Jeremias/Lothar Perlitt (Hgg.), Die Botschaft und die Boten. Festschrift für Hans Walter Wolff zum 70. Geburtstag, Neukirchen-Vluyn 1981, S. 301–315.

Steck, Karl Gerhard, Die Idee der Heilsgeschichte: Hofmann – Schlatter – Cullmann, Zollikon 1959.

Stegemann, Hartmut, Die Bedeutung der Qumranfunde für die Erforschung der Apokalyptik, in: David Hellholm (Hg.), Apocalypticism in the Mediterranean World and the Near East, Tübingen ²1989, S. 495–509.

– The Qumran Essenes – Local Members of the Main Jewish Union in Late Second Temple Times, in: Julio Trebolle Barrera/Luis Vegas Montaner (Hgg.), The Madrid Qumran Congress. Proceedings of the International Congress on the Dead Sea Scrolls. Madrid 18–21 March, 1991. Volume One, StDJ 11/1, Brill, 1992, S. 83–166.

Steiger, Johann Anselm, Johann Gerhard (1582–1637). Studien zu Theologie und Frömmigkeit des Kirchenvaters der lutherischen Orthodoxie. Doctrina et Pietas I/1, Stuttgart/Bad Cannstatt 1997.

Steinberg, Julius, Die Ketuvim – ihr Aufbau und ihre Botschaft, BBB 152, Hamburg 2006.

Steins, Georg, Die Chronik als kanonisches Abschlußphänomen, BBB 93, Weinheim 1995.

Stemberger, Günter, Mishnah and Dead Sea Scrolls: Are there Meaningful Parallels and Continuities?, in: Armin Lange u. a. (Hgg.), The Dead Sea Scrolls in Context. Integrating the Dead Sea Scrolls in the Study of Ancient Texts, Languages, and Cultures. Volume Two, VT.S 140.2, Leiden u. a. 2011, S. 619–629.

– Mishnah and Dead Sea Scrolls – A Reflection on Continuity and Change, in: Armin Lange/Kristin de Troyer (Hgg.). The Qumran Legal Texts Between the Hebrew Bible and Its Interpretation, CEBT 61, Leuven 2011, S. 125–135.

– Judaica Minora, Geschichte und Literatur des rabbinischen Judentums, Teil 2, TSAJ 138, Tübingen 2010.

– Hermeneutik der Jüdischen Bibel, in: Christoph Dohmen/ders., Hermeneutik der Jüdischen Bibel und des Alten Testaments, KSTh 1,2, Stuttgart 1996, S. 22–132.

Stendahl, Krister, Biblical Theology, Contemporary, IDB 1 (1962), S. 418–432.

Steuernagel, Carl, Alttestamentliche Theologie und alttestamentliche Religionsgeschichte, in: Karl Budde (Hg.), Festschrift Karl Marti, BZAW 41, Gießen 1925, S. 266–273.

Stietencron, Heinrich von (Hg.), Theologen und Theologien in verschiedenen Kulturkreisen, Düsseldorf 1986.

Stipp, Hermann-Josef, «Meinen Bund hat er gebrochen» (Gen 17,14). Die Individualisierung des Bundesbruchs in der Priesterschrift, MThZ 56 (2005), S. 290–304.

Stoekl, Jonathan, Prophecy in the Ancient Near East. A Philological and Sociological Comparison, Leiden u. a. 2012.

Stolz, Fritz, Der Gott der Theologie und die Götter der Religionswissenschaft, in: ders., Religion und Rekonstruktion (hg. von Daria Pezzoli-Olgiati), Göttingen 2004, S. 287–304.

Strecker, Georg (Hg.), Das Problem der Theologie des Neuen Testaments, WdF 367, Darmstadt 1967.

Sundermeier, Theo, Religionswissenschaft versus Theologie? Zur Verhältnisbestimmung von Theologie und Religionswissenschaft aus religionswissenschaftlicher Sicht, JBTh 10 (1995), 189–206.

Sweeney, Marvin A., Foundations for a Jewish Theology of the Hebrew Bible: Prophets in Dialogue, in: Isaac Kalimi (Hg.), Jewish Bible Theology. Perspective and Case Studies, Winona Lake 2012, S. 161–186.

– Tanak. A Theological and Critical Introduction to the Jewish Bible, Minneapolis 2012.

Tiemeyer, Lena-Sofia, For the Comfort of Zion. The Geographical and Theological Location of Isaiah 40–55, VT.S 139, Leiden 2011.

Tilly, Michael, Einführung in die Septuaginta, Darmstadt 2005.

Trebolle Barrera, Julio C., Origins of a Tripartite Old Testament Canon, in: Lee Martin McDonald/James A. Sanders (Hgg.), The Canon Debate, Peabody 2002, S. 128–145.

Tzoref, Shani, Pesher and Periodization, DSD 18 (2011), S. 129–154.

Ulrich, Eugene C., The Non-Attestation of a Tripartite Canon in 4QMMT, CBQ 65 (2003), S. 202–214.

– The Canonical Process, Textual Criticism, and Latter Stages in the Composition of the Bible, in: Michael Fishbane u. a. (Hgg.), Sha'arei Talmon. Studies in the Bible, Qumran, and the Ancient Near East Presented to Shemaryahu Talmon, Winona Lake 1992, S. 269–276.

Ulrich, Peter, Hermann Schultz' «Alttestamentliche Theologie» im Zusammenhang seines Lebens und Werkes, Göttingen 1988.

VanderKam, James C., Questions of Canon Viewed through the Dead Sea Scrolls, in: Lee Martin McDonald/James A. Sanders (Hgg.), The Canon Debate, Peabody 2002, S. 91–109.

Vatke, Wilhelm, Die biblische Theologie wissenschaftlich dargestellt, 1. Bd.: Die Religion des Alten Testaments nach den kanonischen Büchern entwickelt, Berlin 1835.

Via, Dan Otto, What Is New Testament Theology? Minneapolis 2002.

Vollenweider, Samuel, Streit zwischen Schwestern? Zum Verhältnis von Exeges und Religionsgeschichte, ZThK 106/1 (2009), S. 20–40.

– Art. Paulus, RGG[4], Bd. 6, Tübingen 2003, S. 1035–1065.

Vouga, François, Ist die Apokalyptik die Mutter der neutestamentlichen Theologie? Eine alte Frage neu gestellt. Einleitung zur Kontroverse, ZNT 22 (2008), 44.

Wagner, Falk, Was ist Theologie? Studien zu ihrem Begriff und Thema in der Neuzeit, Gütersloh 1989.

– Was ist Religion? Studien zu ihrem Begriff und Thema in Geschichte und Gegenwart, Gütersloh 1986.

Wallmann, Johannes, Der Theologiebegriff bei Johann Gerhard und Georg Calixt, BHTh 30, Tübingen 1961.

Watts, James W., Persia and Torah. The Theory of Imperial Authorization of the Pentateuch, SBL 17, Atlanta 2001.

Wellhausen, Julius, Prolegomena zur Geschichte Israels, Berlin 2001.

– Israelitische und jüdische Geschichte, Berlin [3]1897.

Westermann, Claus, Das Buch Jesaja Kap. 40–66, ATD 19, Göttingen 1966.

Wiese, Christian, Wissenschaft des Judentums und protestantische Theologie im wilhelminischen Deutschland. Ein Schrei ins Leere? Tübingen 1999.

Wilhelm, Kurt (Hg.), Wissenschaft des Judentums im deutschen Sprachbereich. Ein Querschnitt, Tübingen 1967.

Wöhrle, Jakob, Fremdlinge im eigenen Land. Zur Entstehung und Intention der priesterlichen Passagen der Vätergeschichte, FRLANT 246, Göttingen 2012.

Wrede, William, Über Aufgabe und Methode der sogenannten Neutestamentlichen Theologie, Göttingen 1897 = Georg Strecker (Hg.), Probleme der Theologie des Neuen Testaments, WdF 367, Darmstadt 1975, S. 81–154.

Yoo, Philip, Y., The Four Moses Death Accounts, JBL 131 (2012), S. 423–441.

Zahn, Molly, Rethinking Rewritten Scripture. Composition and Exegesis in the 4QReworked Pentateuch Manuscripts, STDJ 95, Leiden 2011.

Zenger, Erich, Psalmenexegese und Psalterexegese. Eine Forschungsskizze, in: ders. (Hg.), The Composition of the Book of Psalms, BEThL 238, Leuven 2010, S. 17–65

– (Hg.), The Composition of the Book of Psalms, BEThL 238, Leuven 2010.

– Der Psalter im Horizont von Tora und Prophetie. Kanongeschichtliche und kanon-hermeneutische Perspektiven, in: Jean-Marie Auwers u. a. (Hgg.), The Biblical Canons, BEThL 168, Leuven 2003, S. 111–134.

Zimmerli, Walther, Art. Biblische Theologie I. Altes Testament, TRE 6, Berlin/New York 1980, S. 426–455.

– Grundriss der alttestamentlichen Theologie, ThW 3, Stuttgart 1972.

– Alttestamentliche Traditionsgeschichte und Theologie, in: Hans Walter Wolff (Hg.), Probleme biblischer Theologie. FS Gerhard von Rad, München 1971, S. 632–647.

– Rez. zu Gerhard von Rad, Theologie des Alten Testaments, VT 13 (1963), 105.

– Ezechiel, BK XIII/1.2, Neukirchen-Vluyn 1969.

– Sinaibund und Abrahambund. Ein Beitrag zum Verständnis der Priesterschrift, ThZ 16 (1960), S. 268–280 = ders., Gottes Offenbarung. Gesammelte Aufsätze zum Alten Testament, ThB 19, München 1963, S. 205–217.

Zobel, Hans-Jürgen, Otto Eißfeldt als Theologe. Zum Verhältnis von «Israelitisch-jüdischer Religionsgeschichte» und «Alttestamentlicher Theologie» im Lebenswerk Otto Eißfeldts, in: Gerhard Wallis (Hg.), Otto-Eissfeldt-Ehrung 1987, Martin-Luther-Universität Halle-Wittenberg Wissenschaftliche Beiträge 1988/36 (A 108), Halle (Saale) 1988, S. 19–44.

Zwickel, Wolfgang, Religionsgeschichte Israels. Einführung in den gegenwärtigen Forschungsstand in den deutschsprachigen Ländern, in: Bernd Janowski/Matthias Köckert (Hgg.), Religionsgeschichte Israels. Formale und materiale Aspekte, VWGTh 15, Gütersloh 1999, S. 9–56.